# 大国主義国家論 II

寺島英明

東京図書出版

# はじめに

私は本書で、世界の大国主義政策を採ったことがある国家を二十二、論考した。

以下、地域別に考察していきたい。

# 大国主義国家論II ◇ 目次

# 第1章 メキシコの歴史

## 一、はじめに

最初はラテンアメリカである。まずはメキシコである。十六世紀からスペイン領だったメキシコは十九世紀に独立した。そして今日北米大陸の中で、超大国アメリカの南側にあって常にアメリカを意識せざるを得ない国家になっている。そのメキシコ合衆国はどのように大国主義国家として発展していったのか、以下述べてみたい。

## 二、メキシコの独立前後

メキシコ以南が一五三五年からスペイン領となる中で、現地で力を増していったのがクレオール（定着スペイン人）である。スペイン副王軍（支配者側）とクレオール軍（被支配者側）の内乱が続く中で、イツルビデ率いるクレオール軍が優勢となり、一八二〇年、メキシコは独立を達成した。その直後実権を握ったのが大統領に就任したサンタ・アナである。彼はスペインがアメリカ合衆国に取られていた北辺の領土のテキサス、ニューメキシコ、カリフォルニアを取り戻すために、一八四六〜一八四八年対米戦争を起こすが大敗して、首都のメキシコ市まで占領されてしまう。(1)

以後もサンタ・アナ政権が続いたが、やがて彼は失脚し、自由党出身で国民的人気のあるディアスが長期政権を樹立した。なお、メキシコ市は独立前の一八〇三年、すでに一三万七〇〇〇人の人口があった、という。(2)

## 三、メキシコの成長

独立後メキシコでは政情不安が続いていたが、政治家同士の対立から一九一一年メキシコ革命が始まり有力者のマデロが大統領に就任した。そこに農民戦争や労働運動が加わって事情が複雑化し、カランサ、オブレゴン、カジェスと続く内に、革命も失速し、カルデナスの時にはほぼ収まってきたが、それを象徴するのが一九三八年三月の石油国有化宣言であった。(3) この時代に農地改革や工業化が進んでメキシコも近代国家として成長していったのである。

その後メキシコはアメリカとつかず離れずの関係であったが、第二次世界大戦では一九四二年五月、連合国側に立って参戦した。その時から一九六〇年頃までメキシコはインフレに苦しむ一方で、高度経済成長も達成した。そして一九六八年には中南米で最初のオリンピックを開催して大成功を収めている。その直前に学生デモの大波が起こったが、それも乗り切っているのである。

一九七六年のポルティーヨ政権から始まって、一九七〇年代後半から一九八〇年代初めにかけては大規模な油田が発見されたため、積極的な工業化政策が採られたが、一九八二年大幅赤字による不況が起こり、急激に失速した。(4)

メキシコは一方、対外的には北のアメリカの影を意識しつつ、西側陣営に入っているが、中南米の難民の、アメリカへの大量流入に怒ったアメリカのトランプ大統領が二〇一九年にメキシコとアメリカとの国境に侵入禁止の鉄の柵を作ったことが今日国際問題化している。アメリカとメキシコとの間で和平協議が時々開かれているが、解決は中々難しいようである。今日、新聞にはこの問題でメキシコが時々登場している。二〇二〇年二月、鉄柵が強風で倒れた、とTV報道していた。

なお、メキシコは一九九四年にアメリカ・カナダと共に北米自由貿易協定（NAFTA：ナフタ）を発効させたが、これは域内の関税撤廃、金融・投資の自由化などをおもな目的としている。(5)

## 四、おわりに

アメリカを絶えず意識することで、メキシコは、中米の大国として成長していったと思われる。ここで筆を擱きたい。

## 注

（1）中屋健一編『世界の歴史11　新大陸と太平洋』（一九六一年　中央公論新社）三八一～三八四頁、高橋均・網野徹哉『世界の歴史18　ラテンアメリカ文明の興亡』（一九九七年　中央公論新社）三〇九～三一四頁。
（2）前掲『ラテンアメリカ文明の興亡』三五〇頁。
（3）同右三六六頁。
（4）猪木武徳・高橋進『世界の歴史29　冷戦と経済繁栄』（一九九九年　中央公論新社）二〇〇～二〇一頁。他に前掲『ラテンアメリカ文明の興亡』四三三～四三四頁。
（5）全国歴史教育研究協議会編『世界史B用語集』（二〇〇四年　山川出版社）三六〇頁。

# 第2章　アルゼンチンの歴史

## 一、はじめに

次はアルゼンチンである。メキシコより少し前に独立したアルゼンチンは今日、発展してガウチョ(6)とタンゴの国というイメージの国家になっていて、隣国のブラジルと張り合っているように見える。以下、その歩みを検証してみたい。

## 二、アルゼンチンの独立前後

スペイン領だったアルゼンチンでも、やはりクレオール中心に独立運動が起き、その中心は通称カウディィリョと呼ばれる政治指導者であった。アルゼンチンは一八一六年に独立を宣言したが、ラプラタ河口を中心とする海岸地域と内陸の対立が止まず、前者のブエノスアイレス州が加入して国が現在の形をとったのは遅れて一八六二年であった、という[7]。この頃の政治の代表はブエノスアイレス州知事であったロサスで、「田舎臭い保守反動独裁」政治を行ったようであり[8]、彼は恐怖政治を行ったとある[9]。その後、実権を握ったミトレの時代にアルゼンチンは大繁栄期を迎えるのである。その間にサルミエントが教育制度を発展させている[10]。

## 三、アルゼンチンの成長

やがて牛肉が経済の中心となり、アルゼンチンは一九一三年の一人あたりの国民総生産がなんとアメリカ、イギリス、イタリアに次いで世界第四位であった、という。因みにその時、日本は世界第七位であった[11]。一方で移民の波が起こり、一九一四年の人口調査で総人口七八〇万人のうち、三分の一が外国生まれだった、とある[12]。なお、二〇一〇年統計で、アルゼンチンは人口の八六パーセントがヨーロッパ系であった。[13]
その後、アルゼンチンでは軍部が台頭する一方で労働運動も激化し混乱していたため、第一次世界大戦では中立を守った。そして第二次世界大戦でも中立を守ろうとしたが、中立を守りきれず、反米から親米に変わって一九四五年三月、枢軸国側と断交して連合国側に立って参戦したという。そしてその間に力を増してきたのがファン・ドミンゴ・ペロンである。彼は軍事政権の労働長官として労働組合対策に成功し、国民の間に人気を得て、一九四六年、一九五一年の大統領選挙を圧勝したが、対策に失敗して一九五五年軍部にクーデターを起こされ、スペインでの長い亡命生活に入った。[14]
経済方面では、豊富な資金を利用して重工業化が進み、中南米の先頭を走ったことから、「ペロン神話」が生まれた。それを利用して、彼は長い亡命生活の末、一九七三年に帰国して大統領に返り咲くことができた。[15]
翌年ペロンが死亡して妻イサベルが大統領に就任したが、長くは持たず、軍部が再び実権を握り一九八三年まで続いた、[16]という。

なお、その間アルゼンチンはイギリスとフォークランド紛争（一九八二年四～六月）を戦ったが敗北したため、軍事政権が崩壊してしまったのである。(17)

アルフォンシン政権を経て一九九〇年代に入って、自由貿易圏構想が生まれ、アルゼンチンはブラジルやウルグアイなどの国々と南米南部共同市場を一九九五年に発足させている。(18)

## 四、おわりに

アルゼンチンの今日の様子は後日を期すということで、筆を擱きたい。(19)

**注**

（6）前掲『新大陸と太平洋』三八六頁。

（7）前掲『ラテンアメリカ文明の興亡』三〇三～三〇五頁。

（8）同右三〇八～三〇九頁。
（9）前掲『新大陸と太平洋』三八〇頁。
（10）同右三八七頁。
（11）前掲『ラテンアメリカ文明の興亡』三四三頁。
（12）同右三四三頁。
（13）帝国書院編集部編『新詳高等地図』（二〇一五年　帝国書院）七七頁。
（14）前掲『ラテンアメリカ文明の興亡』三八五～三九〇頁。
（15）同右四一八頁。
（16）同右四一八～四一九頁。他に前掲『冷戦と経済繁栄』一九八～一九九頁。
（17）前掲『冷戦と経済繁栄』三九一頁、他に前掲『ラテンアメリカ文明の興亡』四二九頁。
（18）前掲『ラテンアメリカ文明の興亡』四三六頁。
（19）「アメリカと南米諸国の共同演習『ユニタスＬＸ』」（『世界の艦船』二〇一九年十二月号　海人社）に二〇一九年八月にアルゼンチンがアメリカ、ブラジルと合同で海軍の軍事演習を行った、とある（五六～五七頁）。

# 第3章　チリの歴史

## 一、はじめに

次はチリである。アルゼンチンの隣国であるチリも、大国主義国家の傾向が強い。以下、その歴史を述べてみたい。

## 二、チリの独立前後

十六世紀からスペイン領土となっていたチリで独立時に活躍したのがホセ・デ・サン・マルティンである。彼は元々アルゼンチン側のラプラタ河の辺境駐屯地生まれの軍人であったが、スペインのペルー副王府の力が強いためこれを弱めようとしてチリの独立運動に手を貸し、副王軍を破って一八一八年にオイギンスを最高総裁とするチリ共和国を宣言させたのである。[20]サンマルティンはペルーの独立にも力を貸しており、さらに一八二二年にはボリビア建国の父ボリーバルとも会見している。

サンマルティンは後に、アルゼンチンのラプラタに戻ったが占めるべき席がなく、パリに亡命して一八五〇年に死亡した、という。今日、彼はペルー建国の父となっている。[21]

## 三、チリの成長

チリは独立後、中南米では例外的に静かな国家形成期を過ごし、一八三三年憲法の下で四人の大統領が五年の任期を二回ずつ務めた、という。その代表がポルタレスである。[22]チリは独立当初は細長い国の中部しか支配していなかったが、やがて「太平洋戦争」で北部をペルーとボリビアから奪い、一八八〇年代の大硝石ブームで北部への人口移動が起き、国家も発展した。そして南部も支配するようになったという。

一八八六年に就任したバルマセダ大統領の時代に鉄道建設その他の産業で大きな進歩が見られ[23]、彼が打倒されると議会優位の政体が三十五年続いたという[24]。やがて人口も増加し、労働運動が育ったことで、中南米では珍しい、右翼、中道、左翼が均等の集票力を持つ三者鼎立構造が生まれた。第二次世界大戦では一九四五年四月、連合国側に立って参戦している。やがて第二次世界大戦後、左翼が票を伸ばす中で登場したのが人民連合のアジェンデである。

彼は一九七〇年に当選後、企業の国有化を含む、極端な左傾政策を採ったため軍部の反発を招き、一九七三年軍部にクーデターを起こされ、軍部との戦闘中に死亡した。代わって実権を握ったのがピノチェット将軍であり、彼は一九九〇年まで軍政の大統領を務め、経済成長を持続させたので支持率も高かった。だが、民政移管希望者が国民の過半数を占めるようになったので、一九九〇年に野党連合エイルウィンが選挙で当選したという。以降は民政が続き、チリの政治も安定しているようである。もっとも政策面では軍事政権の政策を継承した、とある。[25]

## 四、おわりに

今日のチリの様子は、後日を期すということで筆を擱きたい。

**注**

(20) 前掲『ラテンアメリカ文明の興亡』二八八〜二八九頁。
(21) 同右二九〇〜二九一頁。
(22) 同右四二一頁。他に、桑原武夫他『ホームスクール版世界の歴史5　独立と革命』(一九六二年中央公論新社) 四一二〜四一三頁。
(23) 前掲『新大陸と太平洋』三八六頁。
(24) 前掲『ラテンアメリカ文明の興亡』四二三頁。
(25) 同右四二五〜四二九頁。他に前掲『冷戦と経済繁栄』一六六〜一六七頁。

# 第４章　ペルーの歴史

## 一、はじめに

次はペルーである。かつてはインカ帝国が繁栄し、十九世紀にスペインから独立したペルーも、やはり大国であると思われる。以下で、その歴史を述べてみたい。

## 二、ペルーの独立前後

十六世紀に栄えたインカ帝国を征服したスペインも、三百年が経つとさすがに衰えてきた。それに乗じて各地で独立運動が起きたが、それを起こしたのが前章で述べたサンマルティンである。一八二〇年、スペイン副王軍を破って一八二一年リマ市に入り、独立運動指導者スクレを中心にペルーの独立を宣言した。[26] 彼は内部対立があってペルーを去るが、代わって独立運動指導者ボリーバルの力を得て、ペルーは一八二五年に完全独立している。

なお、ボリーバルはアルゼンチン、チリ、ボリビア、ペルー、メキシコなどを一丸としたラテンアメリカの統一国家樹立を計画したが、成功せず一八三〇年病死した。[27]

## 三、ペルーの成長

ペルーは独立後、金・銀・銅の生産が盛んで石油も産出しているため、政治・経済共比較的安定していて軍部政権の下で成長していき、他国との関係も良好であった。一九四一〜一九四二年にはペルーは隣国エクアドルとの領土紛争（サルミージャ戦争）に勝利して、領土を拡大している。やがて第二次世界大戦では一九四五年二月、連合国側に立って参戦した。その後ベラスコ将軍などの軍政とアラン・ガルシアなどの民政のくり返しの中で、一九九〇年六月の大統領選挙を迎えた。この時既成党派は持ち札を出しつくしていて有力候補がおらず、その結果新人の日系二世アルベルト・フジモリが大統領に当選することができた。[28]

ペルーの日系人は一世、二世の努力によりペルーに大きな基盤を築いていたので、その支持で彼は当選することができたのである。フジモリは新人ながらも、緊縮政策を採ったり、他にゲリラとインフレを抑えこむなどの様々な政策を行ったことで、一九九五年の大統領選挙で再選された。[29] また、一九九六年十二月リマで起きたリマ日本大使公邸人質事件も、発生百二十七日目に警察の強行突入で決着させ、国民に支持された。[30] それ以後、政治に問題はなかったのである。

二〇〇〇年まで大統領を務めたフジモリは国家的犯罪で収監されたが、それ以降はペルーの内容は今一歩不明である。

## 四、おわりに

今日のペルーの様子は後日を期す、ということで筆を擱きたい。(31)

### 注

(26) 前掲『ラテンアメリカ文明の興亡』二八八～二八九頁。
(27) 同右二九三～二九五頁。
(28) 同右四三七～四三八頁。
(29) 同右四三八～四三九頁。
(30) 同右四三六頁。
(31) ただ、ペルーの農業は停滞しているようである。
前掲『冷戦と経済繁栄』二八四頁参照。また、ペルー海軍は旧ドイツ国籍の潜水艦を六隻保有しているという(『世界の艦船』二〇一八年三月号〈海人社〉一二八頁)。なお、今日ペルーは金生産は世界第五位、銀生産は世界第三位、銅生産も世界第三位ということで、鉱物資源国であると言える(前掲『新詳高等地図』一二七、一五〇頁)。さらに、ペルー空軍は旧ソ連の戦闘機(「スホーイSu－22」)を購入していたが、すべて退役したという(『丸』二〇二〇年三月号〈潮書房光人新社〉八～一一頁)。

# 第５章　ボリビアの歴史

## 一、はじめに

次はボリビアである。インカ帝国領だったボリビアは独立闘争指導者ボリーバルの力でスペインから独立し、国名にその名が付いた。以下、ボリビアの歴史を述べてみたい。

## 二、ボリビアの独立前後

ラテンアメリカ各地でスペインからの独立運動が起こっていた十八世紀に、今のベネズエラの首都カラカスの大地主の家に生まれたのがシモン・ボリーバルである。

一七八三年のことであった。ヨーロッパに若くして見聞旅行に行って見識を広めた彼は同僚ミランダと共に活動して、カラカスで独立運動を行い、一八一一年ベネズエラ連邦共和国を建国している。だが、スペインの王党軍に破れ、ミランダも逮捕され独立も消滅してしまう。ボリーバルはそこで方針を変えて今のベネズエラとコロンビアを一体とした大コロンビア共和国樹立を目指し、一八一九年十二月樹立を宣言した。[32]

ボリーバルはアルゼンチン生まれの独立運動指導者サンマルティンと共にチリやペルーの独立を支援して活動し、ベネズエラの大統領に就任した。そして一八二五年ボリビアを建国した。[33] だが病魔が襲い、一八三〇年十二月、一大の傑出した独立運動指導者ボリーバルもコロンビア北部のサンタ・マルタで死亡したという。[34]

## 三、ボリビアの成長

ボリビアは独立後、一時チリとの「太平洋戦争」（一八七九年）に敗北して苦労するものの、金、銀、天然ガスなどの豊富な地下資源を利用して[35]国家を発展させ、第二次世界大戦時には連合国側に立って参戦した。[36]その後、時には革命政権を樹立することもあったが、一九五〇年代から穏健路線を採るようになり、アメリカから潤沢な援助を得て発展し、今日ラテンアメリカの中でも安定した国家となっている。

ただ、ボリビアは国名が「ボリビア多民族国」ということで、インディオとメスチーソ（インディオと白人の混血）が複雑に入り組んだ国家となっており、しばしば問題が起こっている。一方で、農業ではメキシコなどと同様に農地改革を行ったため、チリやペルーと比べて大きな問題は起こっていない、という。[37]ボリビアは二十一世紀になっても発展し続けているようである。やはり、天然資源を持つ国は強い、と言える。

## 四、おわりに

今日のボリビアについては後日を期すということで、筆を擱きたい。

**注**

(32) 前掲『ラテンアメリカ文明の興亡』二七九～三〇〇頁。
(33) 同右二九四～二九五頁。
(34) 同右二九二～二九三頁。
(35) ボリビア産の銀は二〇一二年で世界第五位である(前掲『新詳高等地図』一五〇頁)。
(36) 山崎雅弘「中南米諸国の第二次大戦」(『歴史群像』二〇二〇年四月号〈学研プラス〉)に、一九四三年「四月九日、南米中部のボリビアが枢軸国への宣戦布告を行」った(一〇二頁)とある。
(37) 前掲『冷戦と経済繁栄』二八二～二八三頁。

# 第６章
# ポーランドの歴史

## 一、はじめに

次は、ヨーロッパである。まずポーランドである。ロシアの西部にある中堅国家のポーランドはかつて十七世紀に「一〇〇万平方キロメートルの領土、一〇〇〇万の人口を擁するヨーロッパ有数の雄国であった」という。(38) そのポーランドが十八世紀と二十世紀に、東西の隣国により分割されてしまうという悲劇に見舞われた。なぜか。これから見ていきたい。

## 二、ポーランド独立前後

ポーランド語の国名ポルスカの語源がポレ、すなわち畑地にあることからして、ポーランドは国土の四分の三が平野であるという。日本と大きく異なる点は海や山などの自然の国境がないということであり、東からロシア人、南からオーストリア人、北からスウェーデン人、西からドイツ人というように有力民族が絶えず侵入してきており、今日のポーランド地域にポーランド人が居住できるようになったのは第二次世界大戦後であった、という(39)。

## 三、ポーランドの成長と滅亡

ポーランド王朝の成立は古く、十世紀にピャスト朝が成立し、一〇〇〇年に神聖ローマ帝国皇帝がポーランドの独立を認めたという。

一時期、小国分立状態が続いたが、封建支配層を指す「シラフタ」の活躍により、周辺に領土を拡大していき、十七世紀のポーランド・ロシア戦争の頃（一六五四〜一六六七年）には一〇〇万平方キロメートルの面積を持つ国家になった。だが、中央政府が弱体化し、また小国分立状態となり、ポーランド継承戦争も起こったりしたため、諸列強が介入するようになった結果、ロシア・オーストリア・プロシアによる第一次分割が一七七二年に行われた。一七九三年の第二次分割のその外事的要因としては、フランス革命の影響が大きい、という。[40]

そしてこの一七九三年、一七九五年の分割で、ポーランドは一旦滅亡してしまった。この状態は第一次世界大戦中のロシア革命まで続き、一九一八年十一月、ポーランドはようやく独立した。[41] その前後、中心となって活動したのが軍人ピウスツキであり、ドイツの監獄から釈放されると活動を活発化させ、同月国家主席に就任すると様々な政策を実行した。

ヴェルサイユ条約で国境が確定すると東のソ連との対立が深まり、一九二〇年四月には対ソ戦争を始め、今日のウクライナのキエフまで進出した。そしてポーランド優位のうちに停戦となり、東方で領土を拡大し、一九二三年三月、ポーランド国境が確定した。今日のポーランド地域よりも若干広かったようである。なお、ピウスツキは一九三五年五月に死亡している。

だが、国家が拡大したことにより国内にウクライナ人などの少数民族を含むことになり、これが後々まで尾を引いている。(42) 国内の混乱に乗じて、東からはソ連、西からはドイツの圧迫を受けるようになり、一九三九年八月二十四日、ポーランドが英仏と相互援助条約を結ぶと、ドイツはこれに対抗して一九三九年九月一日ポーランドに侵入して、ここに第二次世界大戦が勃発した。

ドイツの快進撃が続く中で、ポーランド政府関係者は大半が国外に逃亡し、東からソ連軍も侵入し、一九三九年九月二十八日、あっけなくポーランドはドイツとソ連によって再分割されてしまった。悪夢の再来である。

ソ連併合地域のポーランド系住民はきびしい迫害にさらされ、一〇〇万人以上の人々が拘束され、シベリアや中央アジアに流刑となった、という。[43] これと同時に、ドイツ占領地域でもユダヤ人が悲惨な扱いを受け、二七〇万人のユダヤ人が強制収容所で虐殺された。アウシュヴィッツが特に有名である。

一方、ルーマニアに逃れていたポーランド人は亡命政府を形成し、ソ連とドイツに抵抗し、勢力を拡大したが、政府が独立できたのは第二次世界大戦末期の一九四五年一月であった。[44]

## 四、戦後のポーランド

戦後、ポーランドはソ連の影響下で社会主義化され、指導者もピエルトからゴムウカに代わったが、内紛も多かった。もっとも領土的には西方に移動し、工業施設や豊富な天然資源（銀、銅など）を獲得できたことでポーランドが発展する基礎が作られたのである。[45]

一九五六年に第一書記に就任したゴムウカは、カトリック教会と連携しつつ外交面では成功したものの一九七〇年一月に病気辞任し、その後ギエレク政権が成立した。だが硬直した社会主義体制を維持するのは難しく、一九八〇年労働組合運動が高まって所謂「連帯」がグダンスクの労働者であったワレサを委員長として成立し、ポーランドの民主化を計った。政権側はヤルゼルスキが指導者となったが、「連帯」側の力が強く、一九八一年には政権獲得か、と思われた。だが、ソ連の圧力や内紛もあって崩壊し、結果的にヤルゼルスキ体制が続いた。

もっとも、一九八三年十月にワレサ議長がノーベル平和賞を受賞したことで、「連帯」側は一矢を報いている(46)。

やがて一九九〇年社会主義政権があっけなく崩壊して、ポーランドは資本主義国家となり、ワレサが一九九〇年十二月に初代大統領に就任して一九九五年まで務めた。

## 五、おわりに

ポーランドの今日の様子は後日を期す、ということでここで筆を擱きたい(47)。

### 注

(38) 伊東孝之『世界現代史27　ポーランド現代史』(一九九二年　山川出版社)三三頁。
(39) 同右四～五頁。
(40) 同右三三～三五頁。
(41) 同右六二～六八頁。
(42) 同右一〇〇～一〇二頁。他に木村靖二・柴宜弘・長沼秀世『世界の歴史26　世界大戦と現代文化の開幕』(一九九七年　中央公論新社)に「少数民族……は……人口の約三〇パーセントを占めていた」(一八五頁)とある。
(43) 前掲『ポーランド現代史』一五九～一六〇頁。
(44) 同右一七六頁。
(45) 同右一九五～一九七頁。
(46) 同右三九六～三八頁。

(47)「ポーランド空軍Su－22」(『丸』二〇二〇年三月号〈潮書房光人新社〉)八～一八頁。
因みに、NATOには旧東側諸国ではポーランド以外にチェコとハンガリーも一九九九年に加盟している。前掲『世界史B用語集』三三二頁の「北大西洋条約機構(NATO)」の項目参照。

なお、ポーランド近現代史については拙者『ソ連膨張主義論』(二〇一八年　東京図書出版)三六～三九頁も参照。

# 第7章　スペインの歴史

## 一、はじめに

次はスペインである。十六世紀には世界各地に広大な植民地を持ち、世界を又にかけたスペイン。各地で植民地が独立すると勢力も衰えたが、二十世紀にはヒトラー、ムッソリーニと並ぶ独裁者のフランコが登場した。今日はヨーロッパ中堅の国家として親米路線を採っている。そのスペインの歴史を見ていきたい。

## 二、独立前後

一四七九年、アラゴン王国とカスティーリャ王国が君主の結婚によって連合し、ここにスペイン王国が成立した。[48]カスティーリャ王国のイサベル女王が初代スペイン女王となり、イタリア人コロンブスに援助を約束したことから、コロンブスの新大陸発見となり（大陸に命名したのはイタリア人アメリゴ・ヴェスプッチ）、スペイン領有となった。

## 三、スペインの成長

やがて十六世紀半ばまでにアメリカ大陸の中部と南部はスペイン領となり、さらに一五八〇年から一六四〇年までスペイン国王がポルトガル国王を兼ねたことから、ポルトガル領だったアジア（インドのゴアなど）とアフリカ（東海岸など）とポルトガル領ブラジルもスペイン帝国の一部となり、スペインは世界最大の植民地を持つ帝国となったのである。[49]その全盛期を代表する国王がフェリペ2世だった。

一五五六年に即位したフェリペ2世は、アメリカ大陸から送られてくる豊富な銀を利用して、ヨーロッパ南東部を侵略したオスマン・トルコ帝国に対抗するために様々な政策を実行し、中央集権体制を確立させたという[50]。一方ではそのオスマン帝国や反乱を起こしたネーデルラント、そしてイギリスとの戦いに明け暮れ、その時活躍したのがアルマダ（無敵艦隊）であった。だが、一五八八年七〜十月アルマダがイギリスに敗れたことでイギリス征服は失敗し、フェリペ2世も一五九八年に死亡し、その結果スペインも衰退に向かった。

十七世紀の、三十年戦争の結果としてのウェストファリア条約（一六四八年）と、フランスと戦った結果のピレネー条約（一六五九年）でスペインは敗北し、スペインの全盛時代は永遠に過ぎ去った、という[51]。十八世紀初頭のスペイン継承戦争（一七〇一〜一七一三年）でヨーロッパ列強が争ってスペインは一層衰え、海外の植民地も次々と独立していった。その典型がラテン・アメリカであり、今日海外にスペイン領は皆無である。なお、独立の第一号はベネズエラで、一八一一年であった。

一方、十八世紀末にはフランスのナポレオン・ボナパルトがスペイン遠征に失敗して彼の没落の第一歩となるが、この頃スペインはヨーロッパの二流国になっていた、という。[52]一八二〇年のスペイン立憲革命が失敗に終わると、スペインは歴史の表舞台から姿を消している。

## 四、二十世紀のスペイン

スペインは第一次世界大戦では中立を守り、その後人民戦線政府が成立すると、これに反対する勢力との内戦が一九三六年七月に起こり、反政府側のフランコ将軍がドイツ、イタリアのファシズム勢力の支持を得て、一九三九年四月勝利した。この時、英仏ソがスペイン政府側を積極的に支持しなかったことが、政府軍の敗北につながったという。[53]

フランコは国家主席となって独裁を強行し、第二次世界大戦中ムッソリーニやヒトラーが没落した後も実権を握り続け、大戦後も長らくその地位にいた。[54]

一九七五年のフランコ没後はスペインもようやく民主政治が始まり、今日もそれが続いているようである。一九五四年九月にはＮＡＴＯにも加盟している。

## 五、おわりに

スペインでは今日北部のバスク地方と北東部のカタルーニャ地方に少数民族問題が存在している。(55)

これについては後日を期すということで、筆を擱きたい。

### 注

(48)　長谷川輝夫・大久保桂子・土肥恒之『世界の歴史17　ヨーロッパ近世の開花』（一九九七年　中央公論新社）七二〜七九頁。
(49)　同右一三一〜一三四頁。
(50)　同右一三四〜一四二頁。

(51) 同右一九二〜二〇九頁。
(52) 五十嵐武士・福井憲彦『世界の歴史21　アメリカとフランスの革命』(一九九八年　中央公論新社)三八七〜三八九頁。
(53) 「スペイン内戦」(前掲『世界史B用語集』)三一〇頁。
(54) 同右。
(55) 前掲『ヨーロッパ近世の開花』に「ポルトガルはもとより、カタルーニャ、ガリシア、バスクの人たちは、スペイン語を話さない」(七九頁)とある。他に、「独立派過半数　正当性訴え　スペイン・カタルーニャ州議会選」(『朝日新聞』二〇一五年九月二十九日号)と「カタルーニャ独立派が過半数」(『朝日新聞』二〇二一年二月十六日号)を参照のこと。

# 第８章　イタリアの歴史

## 一、はじめに

次はイタリアである。古代にはヨーロッパの地中海一帯にローマ帝国を繁栄させ、中世、近代には都市国家に分裂していたイタリアは、十九世紀に統一され、二十世紀にはヒトラーと並ぶ独裁者のムッソリーニを生み出した。今日はアメリカの強力な同盟国となって発展している。そのイタリアの歴史を見ていきたい。

## 二、統一国家成立前後

十九世紀初頭にスペイン立憲革命が起こると、これがイタリア人を刺激し、一八〇五年生まれのマッツィーニの青年イタリア党のイタリア統一運動につながり、彼に協力したのが一八〇七年生まれのガリバルディであった。やがてヴェネツィアやミラノで革命が起こり、一八四八年二人が出会って統一運動が進んでいく。

その中心となったのが北のサルデーニャ王国のヴィットーリオ・エマヌエーレであり、北からの統一運動により一八六一年三月、エマヌエーレをイタリア国王とするイタリア王国が成立した。[56] これが今日のイタリア共和国の基礎である。なお、この段階ではローマはイタリア外であったが、一八七〇〜一八七一年の普仏戦争でイタリアに併合され、首都になった、という。[57]

## 三、イタリアの成長

二十世紀に入っても発展を続け、アフリカのリビアを一九一二年に併合したりしたものの、英仏に比べて遅れていたイタリアは第一次世界大戦が勃発すると、中立を守っていた。だが、戦後の賠償金を期待して一九一五年五月、同盟国側から協商国側に鞍替えして参戦した[58]。ところがイタリアにはパリ講和会議で何の報償もなかったので、人民の不満が高まり、ムッソリーニはそれに乗じて一九二一年二月、全国ファシスト党を結成し、資本主義勢力の支持を得て一九二二年十月にはローマ進軍を行い、政権を揺さぶった[59]。この時の国王ヴィットーリオ・エマヌエーレ三世は内乱を恐れ、ムッソリーニに組閣を命じた、という。棚ぼたで権力を握ったムッソリーニは自らのファシスト党を国家機関化し、経済を発展させ、特に「電機、化学などの新工業の育成にもかなりの力がそそがれた[60]」という。彼の政策や組織の多くは、後のヒトラーに採用された、とある。

　一九二九年十月、世界大恐慌が起こると、アメリカなどは乗り切ったが、イタリアはこれを克服することができず、ムッソリーニは一層の独裁体制を強化していった。それと同時にファシズム国家であるドイツとの共闘も行われ、その典型が一九三六年七月に始まったスペイン内戦への介入であった。スペインでは英仏ソがスペイン人民

政府を支援しなかったため、独伊が支援したフランコ側が一九三九年四月一日勝利したのである。(61)

同年四月七日、イタリアはアルバニア占領を開始し、五月二十二日にはドイツとイタリア間で「鋼鉄同盟」が結ばれた。同年八月二十三日にはドイツは敵国ソ連と不可侵条約を締結して、九月一日ポーランドに侵攻し、ここに第二次世界大戦が勃発したのである。

## 四、第二次世界大戦と戦後

大戦が始まると、イタリア軍は敗北を重ね、特に一九四三年五月の北アフリカ戦線でのイタリア軍の敗北が大きく、一九四三年七月、クーデターによってムッソリーニは一旦逮捕された。すぐに復権したが代わって首相になったバトリオ元帥が国民の支持を得て、一九四四年六月にはローマが解放され、一九四五年四月二十八日、ムッソリーニがパルチザンに逮捕され、処刑されることで、ムッソリーニ政権は消滅した。[62]なお、この時ドイツのヒトラーはムッソリーニが射殺され、遺体がミラノの広場に逆さ吊りされた、と聞いて衝撃を受けベルリンの首相官邸の地下壕で四月三十日、愛人と一緒に自殺した、という。[63]大戦は連合国側の勝利に終わった。

戦後、イタリアはＮＡＴＯにも一九四九年四月発足時に加盟して親米国家となっているが、元々イタリア半島には資源も少ない故、発展しにくい状況である。だが、それを補って余りあるのが北部の自動車を中心とした工業であり、それによりイタリアは一九五八〜一九六三年に高度経済成長を達成した。[64]なお、イタリアがアフリカに持っていた植民地のリビアは一九五一年に独立し、一九六九年に王政が廃止されている。

## 五、今日のイタリア

今日イタリアは、一九六九年頃から経済危機が起こり、政治にも波及して一九七七年挙国一致内閣が成立した、ということはわかった[65]。以後も小党分立が続く。

## 六、おわりに

今日のイタリアについては後日を期す、ということでここで筆を擱きたい。

### 注

(56) 谷川稔・北原敦・鈴木健夫・村岡健次『世界の歴史22　近代ヨーロッパの情熱と苦悩』(一九九九年　中央公論新社) 二五三～二五九頁。
(57) 同右二六〇～二六一頁。
(58) 前掲『世界大戦と現代文化の開幕』五八～五九頁。

(59) 同右二七〇〜二七四頁。
(60) 同右二七五頁。
(61) 同右四三四〜四三五頁。
(62) 古田元夫・油井大三郎『世界の歴史28　第二次世界大戦から米ソ対立へ』(一九九八年　中央公論新社)九八〜一〇〇頁。
(63) 同右一一四〜一一五頁。
(64) 前掲『冷戦と経済繁栄』八五〜八七頁。
(65) 同右二二六〜二二七頁。

# 第9章 オーストリアの歴史

## 一、はじめに

次はオーストリアである。近代になってハプスブルク家の下で発展し、ハンガリーと同君連合国を作ってヨーロッパでも有数の国家になったオーストリアは、第一次世界大戦では同盟国側に立って敗北し、その結果領土も大幅に縮小した。第二次世界大戦直前にはドイツに併合されたが、戦後独立し今日ヨーロッパで独自の位置を占めている。

なぜ一時期大国になることができたのか、その歴史を見ていきたい。

## 二、オーストリアの成長

中世にヨーロッパ中央部に存在していた神聖ローマ帝国の中で勢力を伸ばしていったのがハプスブルク家のオーストリアであり、三十年戦争で敗北したものの、その結果結ばれたウェストファリア条約（一六四八年）で、まとまりを持ったオーストリアとして再出発した。(66) これが実質的なオーストリアの独立と言えよう。

やがてヨーロッパに侵入してきたオスマン・トルコ帝国との戦争が始まり、一時首都のウィーンも包囲される（一六八三年）が撃退し、ヨーロッパ側優位の中で一六九八年カルロヴィッツの和約が結ばれ、オーストリアはハンガリーを含む、ドナウ川中流域のすべてを支配する大国になった。(67)

十八世紀に入り、オーストリアにマリア・テレージアが登場すると、彼女の下でオーストリアは発展し、首都ウィーン（一六〇〇年頃、首都として固定）は人口が八万八〇〇〇人から、彼女の治政末の一七八〇年には一七万五〇〇〇人に膨張した、という。(68)オーストリアの膨張の象徴がポーランド分割への参加であり、一七七二年の第一次分割に参加している。

ポーランドは一七九三年、一七九五年と、三回分割され、国家が消滅するが、それに関わったのが、プロシアのフリードリヒ二世、ロシアのエカテリーナ二世、オーストリアのマリア・テレジーアというように三人中、二人が女性で、しかもいずれも絶対王政の「専制」君主であった、とある。(69)所謂近代の「大国主義」理論を持った君主であった、ということであろう。

## 三、第一次世界大戦と戦後

十九世紀になり、オーストリアは大国を維持していたが、国内に多数の少数民族を抱えていることが、結果的に国家の命取りとなった。一九〇八年十月、オーストリアがボスニア・ヘルツェゴヴィナを併合したことに怒ったボスニア生まれのセルビア人青年プリンツィプが、一九一四年六月二十八日、ボスニアの中心地サライェヴォを訪問していたオーストリアの皇位継承者フランツ・フェルディナント大公夫妻を暗殺したことで、第一次世界大戦が勃発したのである[70]。具体的には同年七月二十八日、オーストリア＝ハンガリーがセルビアに宣戦布告したことで、大戦が始まった。

大戦ではオーストリアと同じ民族系統（ゲルマン系）のドイツがオーストリア側に加わり、トルコも加入して同盟国と呼ばれたが、オーストリア軍は敗北続きで、大戦はセルビアを支援した英仏露と、ドイツとの戦いが主となり、前者（協商国）が優勢となり、そこにイタリアも加わった。最初は一進一退の時もあったが、戦争当初は中立であったアメリカが協商国側に立って一九一七年四月六日に参戦したことで連合国（協商国から呼び名が変わった）が一層優勢となり、東ではロシアに革命が起き（一九一七年三月と十一月）戦線から離脱したが、オーストリア＝ハンガリー帝国も崩壊した。

一九一八年十一月三日、オーストリアは休戦協定に調印し、同年十一月十一日ドイツも休戦協定に調印して第一次世界大戦は終結した[71]。

一九一九年一月十八日、パリで講和会議が開かれ、オーストリアは領土が分割されて小国となり、旧領土にハンガリー、チェコスロバキア、ユーゴスラビアの独立が認められた。これは本条約のヴェルサイユ条約調印（一九一九年六月二十八日）の三カ月後の一九一九年九月十日に調印されたサン＝ジェルマン条約により、認められたのである[72]。

以後、オーストリアではドイツに加入という意見もあったが、黙殺され、保守的な小共和国として再出発した、という[73]。

## 四、第二次世界大戦と戦後

オーストリアはその後、小康状態で平和を保っていたが、北隣のドイツに一九三三年一月三十日、ヒトラー政権が成立すると雲行きが怪しくなり、一九三八年二月様々な圧迫を受けたことに反発したオーストリアのシュシュニック政権が独立確認の国民投票の実施を発表すると、ドイツ軍に侵攻され、同年三月十三日ドイツに併合されてしまった。(74)

第二次世界大戦中は国内のユダヤ人が大きな迫害を受けた、とある。

大戦が終結すると、ドイツ領オーストリアは、米英仏ソの四カ国に分割統治されることになったが、その後統一国家になることができた。それが取り決められたのが一九五五年五月のオーストリア国家条約である。ただ、その時条件がつけられていて、隣国のスイスと同じ中立国になる、ということであった。(75)

もっともオーストリアは、西側諸国寄りと言え、一九六〇年にはイギリス主唱のヨーロッパ自由貿易連合（ＥＦＴＡ）に加盟している。(76) ただこれは力が弱く、オーストリアは後に脱退している。

オーストリアは、一九七〇年代の二回の石油危機も何とか乗り切った、とある。(77)

## 五、おわりに

今日のオーストリアのことは後日を期す、ということで筆を擱きたい。

**注**

(66) 前掲『ヨーロッパ近世の開花』一九二～二〇六頁。
(67) 同右二八四～二九五頁。
(68) 同右四五八頁。
(69) 同右四七四～四七八頁。
(70) 前掲『世界大戦と現代文化の開幕』二一一～三一一頁。
(71) 同右一二六～一三八頁。
(72) 同右一四五～一四六頁。
(73) 同右一六三～一六五頁。
(74) 同右四三九頁。
(75) 前掲『冷戦と経済繁栄』九四～九五頁。
(76) 同右四一～四五頁。
(77) 同右二八九頁。

# 第10章 スウェーデンの歴史

## 一、はじめに

次はスウェーデンである。北欧のスウェーデンは十六～十七世紀のグスタフ・アドルフの頃、大国として発展し、以降もヨーロッパ史に一定の足跡を残している。その歴史を以下、述べてみたい。

## 二、スウェーデンの成長

独立年時がはっきりしないが、中世にはすでに存在していたスウェーデンは、北の小国として地味に存在していた。そのスウェーデンを一挙に有名にしたのは、一五二七年にあのグスタフ・アドルフの祖父のグスタフ一世が強力なリーダーシップの下、ルター主義の国教会を樹立して、改革を断行したからである。なお、この時ヨーロッパの中心から遠かったことが逆に幸いした、という。(78)

そして一六一一年、グスタフ・アドルフが即位すると、彼は北欧の国家としては珍しく、バルト海沿岸からドイツ内に南下し、連戦戦勝した、という。その理由の一つに三十年戦争（一六一八～一六四八年）の時の鉄砲の使用がある。それまで他国の軍隊は鉄砲を使用していなかったが、グスタフ・アドルフは一六三一年のブライテンフェルトの戦いで小銃の一斉射撃を行って勝利したので、これが「スウェーデン戦法」と呼ばれるようになった、とある。(79) この後、一六三二年十一月彼は戦死してしまったが、ヨーロッパ中に彼の名声が轟き、スウェーデンの名声を高からしめた、という。なお、この戦争の結果結ばれたウェストファリア条約で、オーストリアが実質的に独立している。

## 三、第二次世界大戦まで

以後、スウェーデンはヨーロッパの表舞台から退場し、資料の記載もほとんどない。二十世紀に入り、第一次世界大戦と第二次世界大戦の両方で、スウェーデンは中立を守った。世界の今日の二〇〇余りの国家の中で、両方の大戦で中立を守ったのはスウェーデンやスイスなど数えるほどしかいない。時の政治家の信念がよほど強固でないとできないことであろうと思われる。もっとも第二次世界大戦中においてはドイツに協力しつつ、中立を堅持した、という[80]。

## 四、戦　後

スウェーデンは戦後西側寄りの路線を採り、一九六〇年にイギリスが設立したヨーロッパ自由貿易連合（ＥＦＴＡ）に、オーストリアなどと共に参加している[81]。

スウェーデンは第二次世界大戦前から高福祉、高負担の国家であったが、戦後一九七〇年代の二度の石油危機に苦しみ、高負担に耐えかねて、有名人が次々と母国を離れた、とある。有名なのが、テニスの世界チャンピオンのビヨルン・ボルグと映画の『野いちご』などで有名なイングマル・ベルイマン監督である(82)。以後、スウェーデン王国は、北欧で順調に発展しているようである。なお、EUには一九九五年に加盟している。

## 五、おわりに

北欧のスウェーデン王国の今日の歩みについては後日を期す、ということで筆を擱きたい。

注

(78) 前掲『ヨーロッパ近世の開花』一四六頁。

(79) 同右一七五〜一八〇頁。

(80) 前掲『冷戦と経済繁栄』四五頁。

(81) 同右四三〜四五頁。

(82) 同右四七頁。

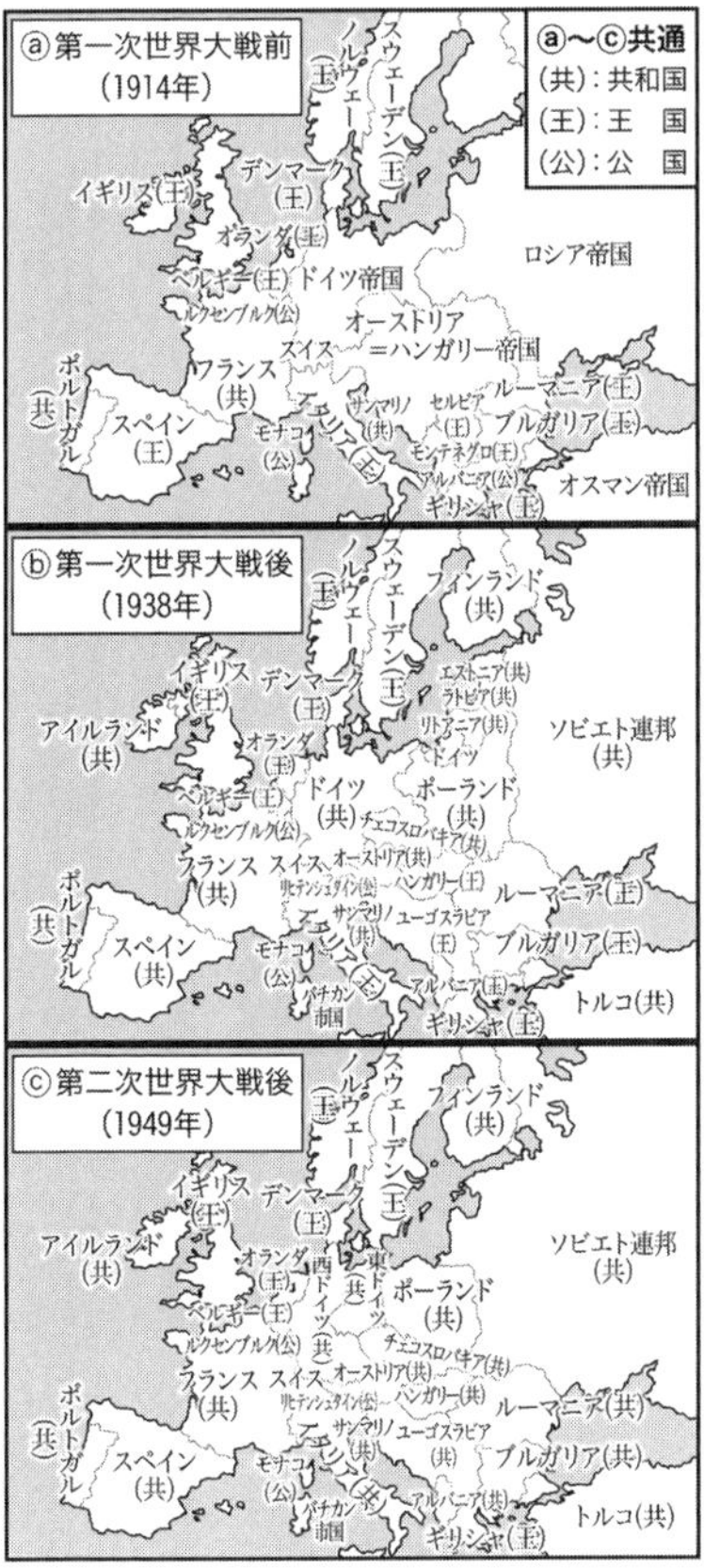


ヨーロッパの国境の変遷

# 第11章 ポルトガルの歴史

## 一、はじめに

次はポルトガル、である。十五世紀に大西洋と太平洋に引いた線で、スペインと世界を二分割したポルトガル。今日までどのように歩んできたのか、以下述べてみたい。

## 二、ポルトガルの成長

十二〜十三世紀にイスラム教徒と戦って領土を拡げ、十五世紀にスペイン王国が成立した頃には完全な独立王国となっていたポルトガルはイベリア半島の西端にあり、東には大国スペインが存在しているため東に発展する余地はなく、西の大西洋に進出するしかなかった。その先頭に立ったのが、エンリケ王子である。彼は死後エンリケ航海王子と呼ばれた。

一四一五年から始められた大海への船出はまず、アフリカ大陸を南下することで始められ、一四六〇年の彼の死去後も続けられた。やがてバルトロメウ・ディアスが一四八八年アフリカ大陸南端に到達し、その一帯をポルトガル領とした[83]。一方、スペイン女王の援助を得たイタリア人のクリストファー・コロンブスが大西洋を横断して一四九二年アメリカ大陸のカリブ海に到達し、その一帯をスペイン領とするが、コロンブスは死ぬまでそこをインドの一部だ、と思いこんでいた、という。有名な話である。

やがてスペインとポルトガルが新発見の土地を領有することになりもめたが、大西洋の中央に南北に境界線をもうけて二国間で分割することにした。一四九四年のトリデシリヤス条約がこれであり、線より東はポルトガル、西はスペインということになり、南米のブラジルは後、一五〇〇年ポルトガル人カブラールの艦隊が偶然漂着したため、ポルトガル領になったのである。[84]
そして、ポルトガル人ヴァスコ・ダ・ガマがアフリカ南端を通って一四九八年インドのカリカットに到達してインド航路を完成させた。一方、一五一九年ポルトガル人マゼランはスペイン国王の援助の下、世界一周を狙って出航し、西へ進んでアメリカ大陸南端から太平洋に出た。本人は一五二一年フィリピンで島民とのいざこざで殺害されるが、部下がアフリカ南端から大西洋に出て、一五二二年スペインの港に帰った。世界一周の完成である。[85]

## 三、その後のポルトガル

こうして、ほぼ新大陸はスペイン、旧大陸はポルトガルが領有するということになり、ポルトガルはアジアの富をヨーロッパに持ち込んで、莫大な利益を得るが、[86]スペインは十六世紀に南米のインカ帝国を滅ぼしている。その植民地支配も根の浅いものだったため、十九世紀に各地に独立運動が起きるとポルトガルはあっけなく破れ、植民地を続々と失っていった。一八二二年のブラジルの独立がその典型である。

ポルトガルはアフリカ大陸にもアンゴラ・モザンビークという植民地を持っていたが、いずれも第二次世界大戦後の一九七五年に独立している。なお、アジアの中国沿岸のマカオは一五五七年からポルトガルが貿易拠点としていたが一九九九年中国に返還された。

## 四、今日のポルトガル

ポルトガルは二十世紀の二回の大戦では中立だったと思われるが、第二次世界大戦後は西側寄りであり、一九八六年にはスペインと同時にＥＵに加盟している(87)。

## 五、おわりに

ポルトガルの今日については後日を期す、ということで筆を擱きたい。

**注**

（83）樺山紘一『世界の歴史16　ルネサンスと地中海』（一九九六年　中央公論新社）三二八～三三二頁。

（84）同右三三二～三三八頁。他に前掲『新大陸と太平洋』三七〇頁。

（85）前掲『ルネサンスと地中海』三四〇～三四三頁。

（86）松田智雄他『ホームスクール版世界の歴史4　近代への序曲』（一九六二年　中央公論社）一一六～一一七頁。

（87）前掲『新詳高等地図』五八頁。

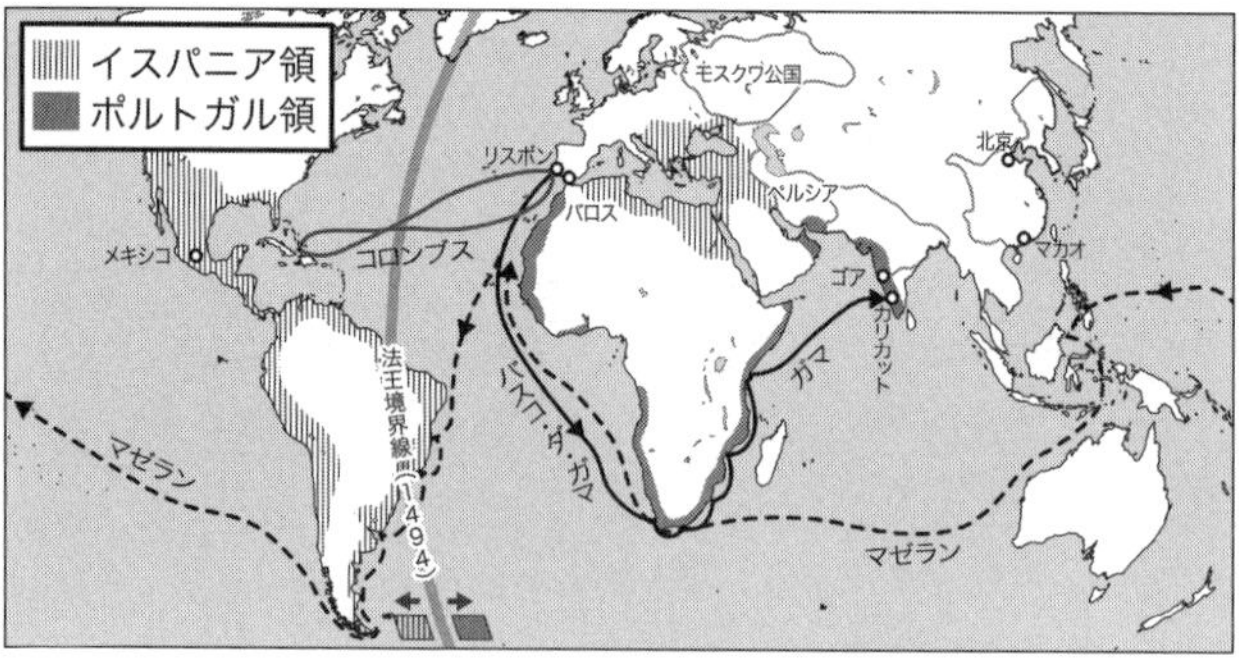


ヨーロッパ人の東西発展（16世紀）

# 第12章　ハンガリーの歴史

## 一、はじめに

次はハンガリーである。十九世紀後半にオーストリアと二重帝国を作ったハンガリーは戦後の社会主義国家を脱して今日安定しているように見える。その歴史を以下、述べてみたい。

## 二、ハンガリーの成長

古くはローマ帝国領だったハンガリーには諸民族が侵入していたが、九世紀に中央アジアから遊牧民族のマジャール族（ウラル＝アルタイ系）が侵入し、土着のスラヴ系諸民族を平定して、アールパードを統領とするハンガリー国を八九六年建国した。これがハンガリーの起源である、という。(88) マジャール族の祖先が五世紀にコーカサス山脈の北の平原にトルコ系のオノグル族とともに定住したことから、ハンガリーの名が来た、とある。(89)

ハンガリーは後、十〜十一世紀のラースロー一世やカールマーンらのすぐれた王の下で対外的にも発展し、十四世紀のラヨシュ一世の時にはポーランド王も兼ねて、中欧随一の強国になった。(90) その後一旦衰えたが、十四〜十五世紀のマーチャーシュ王の治政に東ヨーロッパ一の大国となり、黄金時代を迎えた、という。(91) だが、彼の死後、オーストリアのハプスブルク家の圧迫を受けるようになり、衰えていった。オーストリアのマリア・テレージア時代もそれは変わらず、彼女はハンガリーの特権的地位を弱めていった、という。十八世紀に入り、ハンガリーでも民族的自覚が高まるが、弾圧されている。(92)

## 三、二重帝国の成立

一八四八年二月、フランスで二月革命が起こるとオーストリアは動揺し、国内の有力少数民族の一つのクロアチア人などの反乱も起こったので、ハンガリー人への懐柔策として、一八六七年、アウスグライヒ（和協）ということで、オーストリア＝ハンガリー帝国が成立した(93)。表向きはオーストリア人（ドイツ人）とハンガリー人が対等の立場で支配的地位に立つ、ということであったが、実質的にはオーストリア人の方が優位に立っており、名前のみであった。

この状態は第一次世界大戦勃発まで続いていく。帝国の成立後、二重帝国内に多数の少数民族を含むことになったので、やがてこれが第一次世界大戦の原因を作っていくのである。

大戦にはこのハンガリーも同盟国側に立って参戦したが、オーストリア側に革命的雰囲気が高まると、戦争どころではなく、一九一八年十一月、ハンガリーはオーストリアとの連携を断って独立した。だが、混乱が続き、一九二〇年三月、ハンガリー王国が樹立され、同年六月トリアノン条約が結ばれて、オーストリア＝ハンガリー帝国は正式に解体された。(94)

## 四、第一次世界大戦後のハンガリー

その前の一九一九年三月に社会主義政権が成立したが、長続きせず、ホルティを代表とする右翼急進派が力を持つようになり、彼は摂政となった。だが、土地改革も徹底せず、先程のトリアノン条約でハンガリーは小国になり致命的な打撃をこうむった、という。(95)

ただ、一九二一年首相に就任したベトレンが選挙法の改正や土地改革、フランスへの接近などという様々な政策を実行したことで、国内平和を保つことができたが、一九二九年十月に始まった世界大恐慌で苦しみ、ドイツに接近し日独伊三国同盟に加盟したことで、結果的に第二次世界大戦でも敗戦国となってしまった。

## 五、第二次世界大戦後のハンガリー

第二次世界大戦後、ソ連の指導で社会主義化したハンガリーは一九五三年三月のスターリンの死後、改革派のナジ指導下で一九五六年十月にハンガリー事件が起こった。だが、ソ連軍により鎮圧されてしまい、カーダール首相の下で社会主義体制が強化された。(96)

だが、その社会主義体制も一九九〇年三〜四月に崩壊し、今日ハンガリーは民主化されている。

## 六、おわりに

今日のハンガリーのことは後日を期す、ということで筆を擱きたい(97)。

**注**

(88) 矢田俊隆『世界現代史26　ハンガリー・チェコスロヴァキア現代史』(一九九四年　山川出版社) 三二頁。
(89) 同右三二頁。
(90) 同右三二～三五頁。
(91) 同右三五頁。
(92) 同右五七～五八頁。
(93) 同右六七～六九頁。
(94) 同右八九～九〇頁。
(95) 同右一〇五～一〇八頁。
(96) 同右二三九～二五〇頁。
(97) ハンガリーは一九九九年、NATOに加盟したという(前掲『世界史B用語集』の「北大西洋条約機構〈ＮＡＴＯ〉」の項目参照のこと〈三二二頁〉）。また、ＥＵには二〇〇四年に加盟している（前掲『新詳高等地図』五八頁）。

第13章

# オランダの歴史

## 一、はじめに

次はオランダである。十六世紀に独立すると、十七世紀には東南アジアの東インド諸島を支配し、日本にも貿易船を送ったオランダ。今日では親米国家の一員となっているオランダはどのような歴史を歩んできたのか、以下述べてみたい。

## 二、オランダ独立前後

現在のオランダ、ベルギー、ルクセンブルクに相当する地域はネーデルラントと呼ばれ、毛織物の産地でヨーロッパで最も豊かな土地であったが、一五五六年からスペイン領となり、厳しい搾取を受けていた。そこで北部七州がユトレヒト同盟を作って抵抗し、一五八一年に独立宣言を発した。オランダの始まりである。もっとも、スペインとの戦いは続いた、という[98]。その中心のホラント州の名からオランダとなった。

## 三、オランダの成長

オランダは海外に進出する計画を立て、その中心が東南アジアであった。複数の会社が資本を出して船隊が出発し、無事東インド諸島のジャワ島に到着し、付近をオランダ領とするが、その時設立されたのが東インド会社である。一六〇二年のことであった。やがて会社は総督を設け、四代目総督の時、ジャカルタを獲得し、ここに拠点を置いた。今日のインドネシアの首都である。東南アジアにはもう一つ、イギリスの東インド会社も進出してきていて、両者は競って勢力を拡大していった。

そして、一六〇〇年東インド会社の船が日本の豊後の臼杵に漂着し、生存者の中にオランダ人のヤン・ヨーステンとイギリス人のウィリアム・アダムスがおり、後者は徳川家康の外交顧問となるのである[99]。その家康の要請でオランダ船隊が来航して九州の平戸に商館を開設し、江戸時代を通して日蘭関係が続いていく。幕府が鎖国令を出しても、オランダとの通商を続けたのは、オランダがキリスト教の布教にイギリスなどと比べて熱心ではなかったからである、というのが有力な説である。

東インド会社は貿易と同時に植民地活動にも熱心であった。なお、ジャワ島の完全占領は十八世紀中葉である[100]。十九世紀の一八二四年にオランダはイギリスと英蘭協約を結んで、スマトラ島を獲得している。オランダはその後ジャワ島で本格的な植民地経営を進めた、という[101]。

十九世紀にオランダ領東インド諸島で大きな反抗運動が起こったので、その戦費をまかなうため、オランダは住民に負担を強いる、強制栽培制度を施行している。

## 四、二十世紀のオランダ

二十世紀に入っても平和が続き、第一次世界大戦の時にはオランダは中立を守った。第二次世界大戦の時も、オランダは中立を守ろうとしたが、膨張したナチス＝ドイツにより、一九四〇年五月十日、奇襲攻撃をかけられ、同年五月十四日、オランダはドイツに降伏した。

ドイツ支配下でオランダの人民は苦しみ、特にユダヤ人に対する迫害は想像を絶するものがあった。首都のアムステルダムの屋根裏部屋に隠れていたユダヤ人のアンネ・フランクがドイツ軍に連行され、収容所で十五歳の短い命を終えた話は有名である。

一方アジアのオランダ領東インド諸島は太平洋戦争中、日本軍が占領し、日本語教育などを行ったのでこれに乗じて独立運動が起き、スカルノやハッタが中心となって太平洋戦争終了直後の一九四五年八月十七日にインドネシア共和国が誕生した。(102)

戦後、オランダはアメリカ側の西側諸国として発展した。EUの原加盟国であり、今日ユーロを使用している。またNATOにも一九四九年の発足時から加盟しているのである。

## 五、おわりに

オランダ王国の今日の歩みは後日を期す、ということで筆を擱きたい。

### 注

(98) 石澤良昭・生田滋『世界の歴史13　東南アジアの伝統と発展』(一九九八年　中央公論新社)三四五頁。
(99) 同右三四八～三五〇頁。
(100) 同右三八六～三八九頁。
(101) 同右三八七～三八九頁。
(102) 前掲『第二次世界大戦から米ソ対立へ』一七一～一七三頁。なお、オランダの最近の動向として、ドイツのフリゲイト艦の建造を、オランダの企業が請け負った、とある(「ドイツ新型フリゲイト

〝MKS一八〇〟」〈『丸』二〇二〇年八月号　潮書房光人新社〉一七四頁）。第二次世界大戦勃発時の、ドイツとオランダの関係を考えると、昔日の感がするのである。

## 『アンネの日記』

あなたにも容易《ようい》に想像がつくでしょうが、かくれ家の私たちは、絶望的にこう自問自答します。「いったい、そう、いったい全体、戦争が何になるだろう。なぜ人間はおたがいに仲よくくらせないのだろう。なんのためにこれだけの破壊《はかい》が続けられるのだろう。」こういう疑問《ぎもん》をもつのはしごく当然のことですけど、これまでのところ、だれもこれに対する納得《なっとく》のいく答えを見いだしていません。……私は若く、いまはまだうもれている多くの資質をそなえています。若く、強く、そしていままさに大いなる冒険を生きています。いまはまだその冒険のただなかにいるからには、一人で楽しむ以外に何もすることがないからといって、一日じゅう愚痴《ぐち》ばかりこぼしているわけにはいきません。（深町眞理子訳、一部要約）

（黒田日出男他『社会科中学生の歴史』〈二〇一〇年　帝国書院〉二〇七頁）

# 第14章 ベルギーの歴史

## 一、はじめに

ヨーロッパの最後はベルギーである。オランダの南にあって、絶えずオランダと抗争をくり返してきたベルギー。かつてアフリカ中部に植民地を持っていた、その歴史を以下述べてみたい。

## 二、ベルギー独立前後

ネーデルラントと呼ばれていたベルギーは一五五六年スペイン領となり、一五八一年のオランダ独立後もスペインの厳しい支配に苦しんでいた。時が経ち、ナポレオン没落後の一八一五年のウィーン会議でオランダ王国がベルギーを支配するようになっても状況は変わらず、フランス語系住民が多くカトリック教徒であるベルギー人は、ドイツ語に近いオランダ語をしゃべり、プロテスタントであるオランダ人とは中々あわなかった。

やがてオランダとベルギーの対立が内戦に至り、ベルギー軍が勝利して一八三〇年、ベルギーは独立を宣言した。英仏がこれを支持したため、プロシアやロシアは干渉を断念したという(103)。

## 三、ベルギーの成長

ベルギー一帯は毛織物の産地であったが、国土が狭く海外に活路を求めていくしかなかった。一八六五年にベルギー王に即位したレオポルド2世はその典型である。王は、アフリカ中部を探検中に行方不明になったイギリス人の探検家リヴィングストンを捜しにアフリカに渡ることになったイギリス人のスタンレーを援助した。スタンレーはアフリカ中部に上陸し、西進して一八七一年、タンガニーカ湖畔のウジジで、リヴィングストンに会い、その後もコンゴ一帯を中心に探検を続け、大西洋岸に達した、という。その結果、コンゴ一帯がベルギー領の植民地となったのである。一九〇八年のことであった。[104] コンゴは最初はレオポルド2世の私領であったが、後にベルギー政府の所有地になったようである。[105]

なお、二十世紀初頭のこの頃のアフリカ大陸はヨーロッパ列強に分割されていて、一八四七年に独立していた西海岸のリベリアを除いて、他の地域はすべてヨーロッパ列強の植民地になっていた。

## 四、二十世紀のベルギー

二十世紀に入り、ベルギーはアフリカのコンゴで大量のダイヤモンドが生産される故、大きな富を得ていたが、本国はヨーロッパの中では小国であった。第一次世界大戦では中立を守り、第二次世界大戦でも中立を宣言したが、一九四〇年五月オランダと同様にナチス＝ドイツに占領されてしまった。ドイツは侵入するにあたり宣戦布告もしなかった、という。同月、ベルギーはドイツに降伏している。[106]
一九四五年五月、ドイツが降伏するとベルギーも解放された。

## 五、戦後のベルギー

ベルギーは戦後、アメリカ側の陣営に加わり、NATOにも発足時から参加し、EUにも最初から参加している。

一方、アフリカのコンゴは戦後独立運動が起き、一九六〇年六月に独立したが、東南部カタンガ州（ウラン・コバルトなどの有数の生産地）でその後分離独立運動が起き、コンゴ政府は悩まされた。その背後にベルギー政府がいた、という説もある。[107]こ

の分離独立運動は一九六五年まで続いたという。なお、コンゴは一九七一～一九九七年の間ザイールと名乗っている。(108)

## 六、おわりに

今日の、ベルギー王国については、後日を期すということで、筆を擱きたい。

### 注

(103) 前掲『近代ヨーロッパの情熱と苦悩』七三～七五頁。
(104) 井上幸治他『ホームスクール版世界の歴史6　西欧の世紀』(一九八〇年　中央公論新社) 二六二～二六五頁。
(105) 前掲『世界史B用語集』の「レオポルド2世」(二六一頁)。
(106) 前掲『第二次世界大戦から米ソ対立へ』二六～三〇頁。
(107) 前掲『世界史B用語集』の「カタンガ州」(三三四頁)。
(108) 前掲『冷戦と経済繁栄』二〇八～二〇九頁。

# 第15章　オーストラリアの歴史

## 一、はじめに

次はオセアニアのオーストラリアである。一九〇一年イギリス連邦自治領となったオーストラリアは、国旗の一部にイギリス国旗を入れる程、イギリスに友好的であり、反発して独立したインドやパキスタンとは全く異なる歴史を歩んできた。それを以下、説明していきたいと思う。

## 二、自治領成立まで

オーストラリア大陸を初めて発見したのはオランダ人タスマンであるが、その上司の東インド会社首脳部は貿易上の利益がないと見て、これを放棄してしまった。やがてイギリス人の航海者であるジェームズ・クックが金星の太陽面通過観測の後、まずニュージーランドをイギリス王の領土たることを宣言し、一七七〇年八月、オーストラリア大陸東端に上陸して、イギリス国王領であることを宣言した。(109)オーストラリアという名前は中世のヨーロッパで南方に未知の大陸があると言われていて、「南方の大陸《テラーアウストラリス》」から取ったものである、(110)という。クックはその後、一七七九年不幸にもハワイで原住民に殺害されてしまったが、三回にわたる太平洋の航海で多くの貴重な知識をもたらし、コロンブス以来の最大の探検者と賞讃されたという。

やがてオーストラリア大陸にはイギリス本国から多数の囚人が送られ、流刑植民地として発足することになった。(111)その南東部に基地が作られたが、この植民計画の直接の推進者のシドニー内相の名前を採ってシドニーと呼ばれ、この町が今日のオーストラリアの最大の都市になっている。歴代の総督の努力で南東部のニュー・サウス・ウェールズ地方は発展し、道路や公共建造物も整備された、という。(112)

やがて自由移民の数も増加し、フリンダース大佐が一八〇三年、大陸を一周して正式にオーストラリアと命名し、一八二九年イギリスがオーストラリア全体をイギリスの領土と宣言したのである。そして一八四〇年オーストラリアの流刑制度が廃止され、自由植民地となって移民の数も激増し、一八五一年ニュー・サウス・ウェールズ州やヴィクトリア州に金鉱が発見されると、この傾向に拍車をかけた。(113) なお、シドニーとメルボルンに一八五二年と一八五四年に大学が創設されている。一八七〇、一八八〇年代にオーストラリアは、元々豊かな広い土地があり古い伝統にわずらわされない新世界の持つ無限の可能性を現実のものにしていき、一九〇一年、時の連邦初代首相のバートンがオーストラリア連邦の成立を宣言した。第一次世界大戦中にはニュージーランドと協力してイギリスを助けたという。(114) ただ、その前の一九〇四年前後に有色人種の入国を厳しく制限する「白濠主義」を国是としたことでも有名である。

## 三、オーストラリアの成長

オーストラリアは第二次世界大戦後も牧羊業を含めて順調に発展し、工業化も進んだが、「白濠主義」が移民の流入を妨げたので、これは一九七三年に撤廃された。外交面では親英米路線を貫き、一九五一年に米・ニュージーランドと太平洋安全保障条約を結び、一九五四年結成の東南アジア条約機構にも加盟した。なお、この後者の条約は一九七七年に解消している。

一方、オーストラリアは発展が順調なため、新聞にあまり載っておらず、二〇一九年十二月にブラジルと同様に山火事が起き、コアラが多数死亡した、という記事が出たくらいである。

なお、オーストラリア海軍は最新鋭の軍艦のイージス艦も3隻保有している。[115] 後述するブラジルと同様に、海軍も強力なようである。

## 四、おわりに

オーストラリアの今日については後日を期すということで、一旦ここで筆を擱きたい。

**注**

(109) 前掲『新大陸と太平洋』四七二～四七三頁。
(110) 同右四六九頁。
(111) 同右四七三～四七五頁。
(112) 同右四七八～四八〇頁。
(113) 同右四八九頁。
(114) 同右四九二頁。
(115) 井上孝司「世界のイージス艦総覧・オーストラリア」(『世界の艦船』二〇一九年十二月号　海人社) 九八～九九頁。

# 第16章 パキスタンの歴史

## 一、はじめに

次は南アジアのパキスタンである。一九四七年にインドから分離独立したパキスタンはインドとあらゆる面で対立し、今日核兵器を持つまでに至っている。パキスタンはなぜ、このような大国にまで成長することができたのか。その歴史を本章で見たい。

## 二、パキスタンの成立

やがて分離独立することになるイギリス領インドの中では、元々民族間の対立よりも、ヒンズー教徒とイスラム教徒、という宗教上の対立の方が長い間続いていた。その中でイスラム教徒はヒンズー教徒に比べて社会上、経済上様々な点で遅れていたので、彼等はまず、ヒンズー教徒の政党の国民会議派とは別の政党を作ろうということになり、一九〇六年十二月インド総督ミントーの賛同を得て設立されたのがジンナーを指導者とするムスリム連盟である。これはイギリスが積極的に賛成したことからもわかるように「分割して支配するというイギリスの好んで用いる政策が、ありありとうかがわれる[116]」という。

ムスリム連盟は活動を活発化させる中で、一九三九年九月に第二次世界大戦が勃発すると翌一九四〇年三月、ラホールで開催された大会で、イスラム教徒が多数を占めるインドの西北部と東北部にインドとは別の国家の建設を要求するラホール宣言を決議している[117]。

宗派間の対立が続く中で戦後一九四七年八月一五日、インド人が待ち望んだ独立の日がやってきたが、宗教が建国の原理とされたため、西のパンジャーブ、西北辺境州、シンド、バルチスタン地方と東の東ベンガル地方が合同して、ここにパキスタンが成立した[118]。この時、支配層がヒンズー教徒で、被支配層がイスラム教徒の住民が住む、カシミール地方の帰属があいまいとなり、今日まで続く印パ間で最大の問題であるカシミール問題が起こったのである。

インドとパキスタンはカシミールの帰属をめぐって、三回印パ戦争を起こしており、三回目の戦争の時、一九七一年十二月東パキスタンがパキスタンから分離してバングラデシュとして独立している。なお、この戦争の第一次は一九四八年、第二次は一九六五年、第三次は一九七一年であった[119]。

カシミール問題を続けたい。印パ戦争の結果、その三分の二をインドが、三分の一をパキスタンが領有することになり、自治権が与えられていたのだが、二〇一九年八月七日にインド政府がその自治権を奪ったのである。現地では住民の怒りが広がり、資料に住民の声として、「テロの原因はインド政府の暴力や横暴だ。私たちはインドでもパキスタンでもない、カシミール人だ[120]」とある。だが、二〇一九年十月三十一日、カシミールはインド連邦政府の直轄領になってしまった。自治権が奪われたことに関し、紛争国のパキスタンの政府が反発しているのみならず、カシミールの一部地域を実効支配している中国も反発している、という。なお、パキスタン首相はサウジアラビアにも支援を求めている[121]。

因みに、このパキスタンという国名は、ヒンズー教徒のけがれをはらいきよめた国、つまり浄《きよ》らかな国という意味でつけたとあり[122]、歴史的な名ではないという。

## 三、パキスタンの成長

パキスタンは独立後経済を発展させる一方で、国際的には反共産主義の思想を鮮明にし、一九五四年四月にセイロン（今日のスリランカ）で開催されたコロンボ会議、一九五五年四月にインドネシアで開催されたバンドン会議、一九五五年二月のトルコとイラクの相互防衛条約が発展しパキスタンとイランが加わって成立したバグダード条約機構の一九五五年十一月の会議に参加している[123]。

なお、この条約からイラクが一九五九年離脱したので、一九五九年八月中央条約機構と改称したという。だが、この条約機構も一九七九年二月イラン革命が起こると解消されている(124)。

そして、パキスタンはアメリカ傾斜を次第に強め、一九五四年五月に相互防衛援助条約を締結し、一九五四年九月には反共主義の東南アジア条約機構に加入している。因みに、この条約において、東南アジア地域以外の加盟国は米英仏とオーストラリア、ニュージーランドとパキスタンであった。だが、この条約機構もベトナム戦争終結後の一九七七年、解消した、という(125)。

時は経ち、一九六五年の第二次印パ戦争においては、パキスタンはインドに実質的に敗北したので、近隣に友好国を求めていくことになり、中国に接近するようになる(126)。なお、この関係は今日まで続いているのである。今回のカシミール問題の時も外相が中国を訪問している(127)。

一方、パキスタンの経済成長はかなりの高率を記録し、綿、ジュート紡績などの製造業の発展を見、発展基盤も形成された、という。[128]

隣国のインドが一九九八年人民党を中心とする連立内閣を組織して「強いインド」を掲げて一九九八年五月核実験を行うと、パキスタンもこれに対抗して核実験を行って、国際的に批判を浴びている。[129]

核の問題を続けると、別の資料に「インドとパキスタンは、そもそも両国間の争いが昂じて、世界の非難を受けながらも核武装を強行した、という経緯からもわかるように、その標的は互いの国である。……興味深いことに、弾道弾の数、核弾頭の数とともに、拮抗している[130]」とあるように、非常に危険な状態であると言える。この資料に続けて「まるで冷戦期のソ米の縮小版のようなデタントが成立している[131]」とある。

一方、一九七三年十月に石油危機があり、世界経済は大きな打撃を受けたが、アジアの発展途上国の一つであるパキスタンはインドと並んで発展し、例外的に食糧と農業生産が成長し、工業化も進んでいった。[132]この場合、やはりパキスタンはインドに対する対抗心がプラスになっているのである。パキスタン経済はこの後も順調に発展していったようである。

核問題について続けたい。一九八〇年発行の資料に「……今日では……パキスタン……も、今後十年以内には核保有国になろう[133]」と書いてあり、実際は一九九八年に核実験が行われたのであるから数年遅れたが、実現してしまったのである。恐ろしいことである。これもやはり隣国インドに対する対抗心からであり、パキスタンは相当無理をしているように見えるのである。

因みに国際的に見て、大国ソ連が全く動いていなかったかというと逆であり、一九六五年の第二次印パ戦争の時、国連の調停の後、ソ連のタシケントで印パを会議させ、両者を和解させた、という[134]。ソ連も活動していたのである。ただ、その後の活動では、ソ連はインドとの友好を第一にしており、パキスタンとの友好は少々薄くなっているようである。これは仕方がない、とも言える。パキスタンは親米国家になったのであるから、アメリカと冷戦状態のソ連と仲良くできるはずがないのである。

カシミールに関してパキスタンのカーン首相は、国連安保理に問題提起することを決定したが、現地では住民らが治安部隊に投石して抗議する事案が十五件発生したという。これに対し、国連事務総長は、「核保有国である両国に『最大限の自制』を求めているが、印パ対立は深まる一方だ[135]」とある。

ここで、パキスタンの北隣のアフガニスタン情勢を見ておきたい。アフガニスタンはイギリスとロシアの緩衝地帯として位置づけられ、ソ連が成立しても戦後も変わらなかったが、ソ連はアフガニスタン政権がパキスタンに接近することを警戒し、一九七九年十二月、アフガニスタンに侵攻した。だが、ゲリラなどとの戦いが泥沼化し、一九八八年二月撤退させることを表明した、という。その時、パキスタンは合意したようである[136]。ところが、アフガニスタン政府が納得せず、撤退は中々進まなかったが、少しずつ撤退したようである。その後にアメリカ軍が入ったのである[137]。

## 四、パキスタンの今日

その後パキスタンはインドに対抗する一心で政治、経済共に成長し、前述したように一九九八年には核兵器まで保有することになった。もちろん、米ロ中などの核大国には遠く及ばないが、他国に脅威を与える核兵器を持ったことで「大国主義」政策を採る国家になったことは間違いないと思う。

カシミール問題を続けると、資料に「……カーン氏〔パキスタン首相――引用者注〕は、モディ氏〔インド首相〕を独裁者ヒトラーになぞらえて自治権剝奪が『民族浄化』の試みだと批判したり、自爆攻撃がインド側で『また起こるだろう』と発言したりして、反インドの国民感情に訴えている(138)」とある。インドとパキスタンの関係は益々悪化しそうである。

パキスタンは背後に、大国である、インドのやり方に反発する中国がついているので、より強気になっていると思われる。

最後に、今日のパキスタン国内を見ておきたい。「パキスタンの政治は、民族対立と派閥抗争と、エリート層の汚職事件が中心となり、イスラーム主義者は影響力を減らしている。イスラームは、今もパキスタンのアイデンティティーにとって重要であり、公的生活のあらゆる場面で見られるが、現実の政治に影響を及ぼすには至っていない[139]」とある。

パキスタンは今日、国名が「パキスタン・イスラム共和国」であり、イスラム教が強いはずであるが、先程の資料によると昔程イスラム教の影響力が強くない、ということなのであろう。政権も、イスラム色が次第に弱まっているようである[140]。

## 五、おわりに

パキスタンがいかに「大国主義」国家になっていったのかを説明してきた。隣国のインドが成長したので、相当無理をして背伸びをし、同じように成長しようとしたと

いうことなのである。今日のパキスタンについては後日を期すということで、今回はここで筆を擱きたい。(141)

**注**

(116) 岩村忍『世界の歴史19　インドと中近東』(一九六九年　河出書房新社) 二八六頁。
(117) 同右二九三頁。
(118) 同右二九六～二九七頁。
(119) 前掲『世界史B用語集』三五五頁。
(120) 「カシミール　怒り　叫び」(『朝日新聞』二〇一九年八月十二日号)。
(121) 松本重治他『ホームスクール版世界の歴史8　われらの時代』(一九六六年　中央公論新社) 二二三頁。
(122) 前掲『第二次世界大戦から米ソ対立へ』二五一、二六一、二六四頁。
(123) 同右二五一頁。
(124) 前掲『世界史B用語集』三二九頁。
(125) 同右三二八頁。
(126) 前掲『冷戦と経済繁栄』一三八～一三九頁。

(127) 前掲「カシミール　怒り　叫び」。
(128) 前掲『冷戦と経済繁栄』一七五頁。
(129) 同右三二四頁。
(130) 多田将「世界の核兵器開発・配備サーベイランス」(『丸』二〇一九年十月号　潮書房光人新社)六〇頁。また別の資料に「インド亜大陸では、……両国は険悪な敵対関係にあり、今では相手の首都を互いに核兵器で狙い合うまでになっている」(カレン・アームストロング著　小林朋則訳『イスラームの歴史』〈二〇一七年　中央公論新社〉一九六頁)とある。
(131) 前掲「世界の核兵器開発・配備サーベイランス」六〇頁。
(132) 前掲『冷戦と経済繁栄』二八一～二八二頁。
(133) 前掲『われらの時代』四七〇頁。
(134) 同右四四〇頁。
(135) 「カシミール　中国も反発」(『朝日新聞』二〇一九年八月八日号)。
(136) 前掲「カシミール　怒り　叫び」。
(137) 前掲『冷戦と経済繁栄』三七四～三七五、三八八～三八九頁。
(138) 前掲「カシミール　怒り　叫び」。
(139) 前掲『イスラームの歴史』二一八頁。
(140) 同右二九三～二九四頁。
(141) (以下、新資料は便宜上A、B、C……とした)前掲の資料『イスラームの歴史』二一八頁に

「……この国〔パキスタンのこと――引用者注〕では核兵器に膨大な額を支出する一方で、国民の少なくとも三分の一が絶望的な貧困のうちに暮らしており、このような状況は本当のムスリムには耐えがたいものだ」とある。

また、同右に「……一九九九年に軍人のムシャラフがクーデタで政権の座に就いた後、二〇〇八年以降は文民政権が続いている」（二一九頁）とある。

さらに前掲の別の資料「カシミール　怒り　叫び」に「……カシミールは『東洋のスイス』とも言われ、豊かな自然が観光資源だ。……『住民投票をやるべきだ』。……カシミールの帰属は住民投票で決めるという内容。両国が受け入れたが、インドは実施せず、国際社会の関与も拒んでいる」とある。

また、前掲「カシミール　中国も反発」に「……カーン首相は……インドとの貿易を一時停止し、外交関係を縮小する……軍に厳戒態勢を敷くよう指示した。……これに対して、インド……は自治権撤廃に反対する政治家を軟禁しているほか、通信の遮断や外出禁止令も続けている」とある。

A　「パキスタン首相がタリバーンと会談」（『朝日新聞』二〇一九年十月五日号）に、「……パキスタンが米国とタリバーンの間を取り持つ形で、和平協議再開の地ならしを進める見通しだ。……パキスタンはタリバーンを陰で支援することで、アフガニスタンへの影響力を保ってきた」とある。

B　広瀬公巳『インドが変える世界地図』（二〇一九年　文藝春秋）に「一九九一年は……インドは……パキスタンとの関係が改善に向かう時期にもなった」（六二～六三頁）とある。

さらに同右に「もはやパキスタンは、かつて印パ対立と呼ばれた時期のように対等なケンカ相手ではなく、インドの優位が明らかになっている。……それをするには中国の承認が必要だからだ」（二三五頁）とある。

C　渡部由輝「数学者の新戦争論」（『丸』二〇一九年十二月号　潮書房光人新社）に「……トルコと同様イスラム教における政教分離的国家であるパキスタン」（一六九頁）とある。

D　「カシミール州がインド直轄領に」（『朝日新聞』二〇一九年十一月一日号）に、「モディ政権がイスラム教徒の多い同州の統治強化で、支持基盤のヒンドゥー教徒の不満をそらそうとしたという指摘も出ている。……研究員は『モディ政権は自治権剥奪で、落ち込んだ国内の経済情勢から国民の目をそらそうとしている』と指摘した」とある。

E　山内昌之・細谷雄一『日本近現代史講義』（二〇一九年　中央公論新社）に「……大英帝国は、インド・パキスタン分離独立によって故郷を捨てた一一〇〇万人の難民を広大なインド亜大陸で流浪させ、一〇〇万人の死者を出した責任を少なくとも歴史に負っている」（四五頁）とある。

F　「アフガン援助団体　標的」（『朝日新聞』二〇一九年一二月六日号）に、「アフガニスタンに米軍部隊約1万4千人を駐留させ、政府軍を後方支援してきた米トランプ政権は、泥沼の戦況を変えるため、タリバーンとの和平協議に乗り出している」とある。

# 第17章 インドの歴史

## 一、はじめに

次はインドである。アジアの大国インドは「二〇二八年までに日本とドイツを追い抜き、世界第三位の経済大国になると予測されてい(142)」て、また「二〇二七年前後に中国を抜き、世界一の人口大国になると予想されている(143)」という。インドは一九九八年に核実験を強行して、国際社会に非難されたが、経済などは順調に発展している。インドはなぜこのように大国になることができたのかを本章で述べていきたい。

## 二、独立前史

イギリス領インドの中で、インド人は独立を望み、活動していたが、イギリス人は彼等に中々その機会を与えず、逆に一九〇五年のヒンズー教徒とイスラム教徒を分割した「ベンガル分割令」などのように、宗教上で対立しているヒンズー教徒とイスラム教徒の対立を煽る政策を採り続けていた。

この頃、インド人の民衆運動の先頭に立っていたのがマハトマ・ガンジーであった。弁護士を志していたガンジーはイギリス留学後に渡っていた南アフリカにおいて差別され苦しんでいるインド人移住者を見て、方向を変え、弁護士稼業をやめて、インド人の解放事業に献身することを決意したのだという(144)。彼が入ったインド国民会議派内での指導力も増してきたが、彼が「非暴力、不服従」という戦術を採ったことが人々をひきつけた。だが、一九二〇年代末から会議派が完全独立を掲げて運動しても、中々結果が出ないことに民衆がいらつき、彼から離れる人々も出た。第二次世界大戦になっても状況はあまり変わらなかった。

そして戦後の一九四七年八月十五日独立の日を迎えたが、ガンジーにとってそれは最悪の日になってしまった。なぜかと言うと、イギリス支配はなくなったが、肝心のインドが分裂して、ヒンズー教徒の地域とイスラム教徒の地域にそれぞれ分かれて独立することになってしまったからである。彼自身もなんと翌一九四八年一月三十日、狂信的ヒンズー教徒によって暗殺されてしまった。(145) 彼自身が裏切り者と見られてしまったのであろう。でもこれは完全な誤解である。なぜならばガンジーは宗派に関係なくすべてを包み込む抱擁力を持っており、人一倍誰よりもインドを愛していたからである。ここにガンジーの最大の悲劇がある。ガンジーは今日、「インド独立の父」と言われているが、空しさを感じる。

## 三、独立後の成長

インドはパキスタンと分かれて独立し、ネルーが最高指導者となったが、この時、支配層がヒンズー教徒で、被支配者層がイスラム教徒である人々が居住しているカシミール地方の帰属があいまいなまま残り、後の二〇一九年八～十月のインドの自治権取り消し↓インド直轄領編入という出来事にまで至る、印パ間の最大の問題であるカシミール問題がここに発生したのである。カシミールに住む人々は「私たちは……カシミール人だ[146]」と言って猛反発しているが、二〇一九年に出た資料には「インドによる自治権剥奪の措置は、アメリカの本格的な介入に予防線を張る過敏な反応にも見える[147]」とある。この資料は、インドの今回の措置はやむを得ないものだ、としている。

独立後のインドはネルー首相の下で社会主義政策を採用し、ソ連に倣って重工業化政策を採ったという。つまりこれが「世界の大国となるための近道である」、と書かれている[148]。インドは資源が豊富である点も有利である。ただ、そのために近代化が遅れていた農業に目が向かなかったため、今日までインドの農業は遅れたままになっているのである。ある資料はこれをインドが非同盟政策を採って米ソの援助を受けなかったことが原因としているが、[149]インドが独立以後ソ連と友好関係を深めていく（今日まで続く）のであるから、これは援助を受けなかったのではなく、当事者の政策の失敗に依るのではないかと思われるのである。

一方、インドの政治の流れを見ると、インドでは独立後一貫して国民会議派の一党独裁が続いていたが、一九七〇年代から多党化し、一九八〇年に成立した人民党が一九八九年に初めて政権を取った。そして一九九六年には第一党となり、一九九八年にまた第一党となると「強いインド」を掲げて核実験を強行したという。[150]その原因として「パキスタンが行った弾道ミサイルの発射実験にいら立ち、それが核実験実施につながったとされている」[151]とある。真相は不明であるが、それに誘発されてパキスタンも核実験をしたのであるから、南アジアが一気に危険な地域になったことは間違いない。元々、中国の脅威に対抗してインドは核兵器開発を開始した[152]というのであるから、その時点でインド――ソ連、パキスタン――中国という構図がすでに出来上がっていたということであろう。この関係は基本的には今日まで続いている。発展途上国は近くの大国とつながらないと生きていけないという典型である。なお、インドは今日、米中とも友好関係を深めているようである。

## 四、インドの今日

二〇一四年に首相となった人民党のモディ氏が、二〇一九年五月に再選されてインドは安定路線を歩んでいる。先程の資料の著者はこれを絶賛しているのである。二〇一九年九月、インド宇宙機関が月着陸のミッションに失敗したが、[153]宇宙にまで目を向けているインドは如何に大国であるかがわかると思う。なお、インドは今日自由貿易圏構想（ＲＣＥＰ）には参加しないという。[154]

## 五、おわりに

「インドの総面積は三二八万平方キロ。ロシア、カナダ、アメリカ、中国、ブラジル、オーストラリアに次ぐ、世界七番目の大きさの国だ」(155)という。いずれも大国である。インドは自国産の空母も持っている、という。(156)親日的首相を持つインドの、今日を書いて筆を擱きたい。(157)

**注**

(142) 前掲『インドが変える世界地図』五頁。
(143) 同右五二頁。
(144) 前掲『インドと中近東』二八八頁。
(145) 同右二九七頁。
(146) 前掲「カシミール　怒り　叫び」。
(147) 前掲『インドが変える世界地図』一六五頁。
(148) 同右五四頁。

(149) 前掲『冷戦と経済繁栄』一七三頁。
(150) 前掲『インドが変える世界地図』九八頁。
(151) 同右一五七頁。
(152) 同右一九二頁。
(153) 同右二四一頁。
(154) 「RCEP　インド『不参加』」(『朝日新聞』二〇一九年十一月五日号)。
(155) 前掲『インドが変える世界地図』一〇四頁。
(156) 同右一八一頁。
(157) (以下、新資料は便宜上A、B、C……とした) 二〇一九年九～十月にかけて、日本主催の日米印合同海上軍事演習が日本近海で行われている。合同で行うということで米印間も親密であることがわかるのである。この記述はA「今年は日本がホスト　日米印共同演習『マラバー二〇一九』」(『世界の艦船』二〇一九年十二月号　海人社) の一四～一五頁による。
　ロシアとの関係も親密なことは、B多田智彦「世界の非イージス艦の最新動向」(同右) の一一二頁に「装備されている防空システムはロシア海軍色が強いタルワー級を引き継」いでいる、とあることからわかるのである。

　また、前掲『冷戦と経済繁栄』に、ネルーの時代「インドは当時人口三億五〇〇〇万人を抱える潜在的大国であった。国際政治の舞台で大国であるためには、積極的な外交を展開する必要があった」(一三七頁) とある。

さらに前掲『インドが変える世界地図』に、「日本が得意の分野でインドに進出できるものとして、急速に進展したのが輸送インフラだ。……インドはもともと、鉄道の総延長が六万キロを超える世界第五位の鉄道大国だ。……インド独立後イギリスが引きあげると、それを管理する体制が整わず老朽化が進んでいる。……新幹線の方は本業規模が大きく、なかなか姿が見えてこない。日印経済協力の目玉でもあり、正念場でもある」（七六〜七八頁）とある。

同右に別に、「いまや世界各国は、政治が誘導したインドＩＴ立国の成功を見て、激しく追い上げている。軍事産業を背景に、生存のための高度な頭脳立国を進めるイスラエル。特許出願件数で日本やドイツを抜くまでになった中国は、量子暗号を使った遠距離通信を可能にする通信衛星を打ち上げるなど、国家主導の技術力を進化させている。インドが得意としていたコールセンター・ビジネスについても、同じように英語が堪能なフィリピンにシフトさせる動きが相次いでいる。『好き』の面はともかく、『産業構造』『政治』の部分では、インドのライバルが増えつつあるのだ」（六〇頁）ともある。

また、二〇二〇年六月には国境線が不明確な中印国境のラダックで、両軍による武力衝突が起きたという（C「中印衝突　にらみ合いの国境」〈『朝日新聞』二〇二〇年六月十八日号〉）。

# 第18章 ブラジルの歴史

## 一、はじめに

次はラテンアメリカに戻り、ブラジルである。今日、ブラジルは南アメリカ大陸の大国として発展しており、資源が豊富でスポーツが盛んな国家というイメージである。そのブラジルは世界で五番目という、広大な国土を持っている。ブラジルがなぜ、今日のような大国になることができたのかを本章で、述べていきたい。

## 二、ブラジルの独立

南アメリカ大陸は元々大半がスペイン領であったが、ブラジルのみがポルトガル領であった。なぜか。これは偶然が大きく影響している。冒険家のポルトガル人のヴァスコ・ダ・ガマに引き続いて派遣されたカブラルの艦隊が偶然一五〇〇年に今のブラジルの東海岸に漂着したことによるのである。地名も彼に因んでつけられた。だが、「ここにはペルー、メキシコのように金銀・宝石はないため、その開拓は、はじめのころは、比較的うとんじられていた[158]」という。やがてそのブラジルでも十八世紀に奥地で金やダイヤモンドが発見されると、北部海岸地帯に点在していた人々が奥地に移動するようになり、その経済的基盤の上に、独立運動が起こってきた。

その混乱期にヨーロッパでナポレオン・ボナパルトが台頭し、領土を拡大しようとしてイベリア半島に侵入してきたことが好機となった。ポルトガル王室がブラジルに逃れ、女王の息子のジョアンを摂政として、図書館や銀行、学校などを建て、ブラジルを近代的な地域にしていったという。この後が複雑で、ジョアンがポルトガルに戻されることになり、彼は息子ペドロを摂政としてブラジルに残したところ、ブラジル内で本国人と植民地人との差別が行われるようになったので怒った植民地人が一八二二年九月独立を宣言したのである。そして、ペドロがブラジル皇帝に推戴された、という。独立は一滴の血も流さずに行われたのであり、これは世界史上非常に珍しいことである、[159]と書かれている。

## 三、ブラジル独立後

この後、ブラジルは順調に発展していったが、王室内の混乱もあり、一八八八年奴隷制が廃止されると一八八九年一一月無血革命が行われ、一八九一年ブラジルは連邦制共和国となり、政治、経済あらゆる点で発展していった、という。その代表が一八五四年頃から始まったコーヒーブームである。ただ、元奴隷の経済状態はきわめて悪い、という問題は残った[160]と書かれている。なお、他の資料に「一八五四年にブラジル最初の鉄道線を敷設したマウアー子爵はこの時代の代表的な企業家だった[161]」とある。ブラジルでも資本主義が発展していったようである。

ブラジルの都市社会は急成長を続け、二十世紀に入ると各地に大都市が出現した。サンパウロがその典型で、人口六万の小都市が三十年後には人口が五八万になった、という。その間にリオ・グランデ・ド・スル州知事のヴァルガスが権力の階段を上って大統領になり、強力な大統領の下で「国民経済の工業化を図り、労使間に介入して紛争を調停し、労働立法、社会保障制度、公的医療・教育制度を整備充実するなど」[162]して、国民の圧倒的支持を受けた。また、彼は権限を大統領に集中させ、「新国家」という名の下に、労働者と都市中間層の念願を実現させた。それは第二次世界大戦が勃発しても変わらず、主要産業のコーヒー産業にも力を入れ、工業化と内陸開発を推進した。そして、一九四五年に一旦辞職している。

彼は戦後一九五一年に大統領に復帰したが、軍部との衝突から自殺してしまった、[163]という。だが次のクビチェック大統領の時、首都がブラジリアに移され、ブラジルは順当に発展していったのである。

## 四、ブラジルの成長

この後、ブラジルには軍政府が出現し、一九八五年まで続くが、この間「ブラジルの奇跡」とよばれる年率一一パーセントの成長を実現した、(164)という。また、コーヒーに代わって多くの工業製品が輸出されるようになった。元のブラジルには石油がないので一九七〇年代の石油価格高騰には苦しんだが、積極的開発政策を維持した。その点、ブラジルは国土が広く、人口が多いことが有利に働いた、と思われるのである。なお、政治は一九八五年軍政から民政に転換している。(165)

ブラジルはその後二十一世紀に入っても発展を続けているが、新聞資料にあまり登場しない。それ程安定している、ということであろう。時々南部で山火事が起き、都市に迫っているという記事が載る程度である。

## 五、おわりに

ブラジルは海軍に、空母に匹敵する揚陸ヘリコプター母艦を所有している。[166] 軍隊も強力なようである。他に元フランス空母も所有していたが、これは予算の関係で売りに出された、[167] という。

今日のブラジルのことを書いて、終わりにしたい。[168]

### 注

(158) 前掲『新大陸と太平洋』三七〇頁。
(159) 同右三七五頁。
(160) 同右三九四頁。
(161) 前掲『ラテンアメリカ文明の興亡』三三〇頁。
(162) 同右三七五頁。
(163) 同右三七八～三七九頁。
(164) 同右四一九頁。

(165) 前掲『冷戦と経済繁栄』一九七頁。
(166) 前掲「アメリカと南米諸国の共同演習『ユニタスＬＸ』」五六頁。
(167) 「海外艦艇ニュース」（『世界の艦船』二〇一九年十二月号　海人社）一六七頁。
(168) 「レオ様、アマゾン火災めぐる発言に反論」（『朝日新聞』二〇一九年十二月二日号）に、「アマゾンで起きた大規模な森林火災をめぐり、ブラジルのボルソナーロ大統領が、火災の緊急支援に多額の寄付を表明した米俳優レオナルド・ディカプリオさんを批判した」とある。
また、『朝日新聞』二〇二〇年五月二十日号の「感染数3位　ブラジル混乱」に、「南米ブラジルで新型コロナウイルスの感染者が25万人を超え、増加に歯止めがかからない。しかし、ボルソナーロ大統領は、市民に外出を促すなどウイルスを軽視する姿勢を取り続け……」とある。

# 第19章　エジプトの歴史

## 一、はじめに

次は、中東のエジプトである。古代においてはエジプト文明が栄え、今日も世界から多数の観光客を集めているエジプト。一九二二年にイギリスから独立後、どのような歴史を歩んできたのか、以下で述べてみたい。

## 二、独立まで

近代に入り、オスマン＝トルコ帝国の下でエジプトはその支配に苦しんでいたが、十九世紀にエジプトに侵入したナポレオン軍を撃退したムハンマド・アリーの下でエジプトは一定の近代化が行われた。その王朝もやがて衰えてきたので、それに目をつけた大国イギリスは第一次世界大戦が勃発すると、エジプトを保護国化したという。[169]

この時、活躍したのが後に、ワフド党を作ったサアド・ザグルールであり、エジプトを代表して第一次世界大戦後のパリ講和会議に出席しようとして拒否されたが、エジプトの民族運動の中核的指導者となった。[170]一九一九年にエジプト人の反英運動が起きたので、イギリスは一九二二年に名目的な王国としての独立を認めたものの、イギリスの実質的支配は続いた、という。

## 三、エジプトの成長

一九三六年にイギリス・エジプト同盟条約が結ばれイギリスはエジプトの完全な主権を認めるが、スエズ運河地区への駐兵権は確保していた。第二次世界大戦中の一九四二年二月、反英感情を示していたファールーク国王に対して、イギリスは圧力をかけ、ワフド党内閣を成立させた。[171] ワフド党は本来反英感情の塊のはずであったが、イギリスにより政権の座についたことで、にわかに没落していく。
代わって力を増してきたのがナセルを中心とする「自由将校団」であり、一九四八年に勃発した、イスラエルの建国を目指す、第一次中東戦争でアラブ側が敗北したことで、旧体制打倒を目指すことになる。[172]
一九五一年の総選挙でワフド党が大勝すると、スエズ運河地帯でエジプト軍とイギリス軍の衝突事件が発生し、これに乗じて一九五二年七月、ナセルを中心とする自由将校団がクーデターを起こし、ファールーク国王を追放して共和制を敷いた、という。[173]「エジプト革命」の成功である。
ナセルは国内で社会主義政策を打ち出すと共に、一九五五年にインドネシアのバンドンで開かれたアジア・アフリカ会議に出席して第三世界のチャンピオンとなり、インドのネルーやインドネシアのスカルノと並んで、積極的中立政策を採るようになった。

これに対し、英米が敵視政策を採り、アスワン・ハイ・ダム建設計画への援助提案を撤回したため、怒ったナセルは一九五六年七月、スエズ運河を国有化する宣言を発したのである。[174]その結果勃発したのが第二次中東戦争であり、この戦いは政治的にはエジプトの大勝利に終わっている。

ナセルは一九六一年九月、ユーゴスラビアのチトーが呼びかけユーゴスラビアのベオグラードで開かれた非同盟諸国首脳会議にも、インドネシアのスカルノと共に参加している。[175]この大会には正式メンバー二十五カ国とオブザーバー二カ国が参加したという。

ナセルはその後、シリアと合併してアラブ連合共和国を一九五八年二月に結成したが一九六一年に解消され、一九六七年六月イスラエルの奇襲攻撃から始まった第三次中東戦争（六日間戦争）に大敗して、一九七〇年に急死した。

その後サダトが大統領となり、一九七三年十月勃発の第四次中東戦争も乗り切り、一九七八年九月にはアメリカの仲介でキャンプ・デーヴィッド合意を実現させ、イスラエルとの和平交渉を実現させた。これはシナイ半島からイスラエル軍が撤退すれば、エジプトはイスラエルを承認する、というものである。[176] その結果一九八二年シナイ半島はエジプトに返還されたが、一九七八年の合意が、他のアラブ諸国やソ連からは批判され、彼自身は結局一九八一年十月狂信的なイスラム原理主義者によって暗殺されてしまった。[177] この後はムバーラクが継いだ。この頃から、資本主義的方向に変更されたという。[178]

## 四、おわりに

その後、エジプトは一貫してアラブの盟主として行動しているようである。今日のエジプトについては、後日を期す、ということで筆を擱きたい。[179]

## 注

(169) 福井勝義他『世界の歴史24　アフリカの民族と社会』（一九九九年　中央公論新社）四六八頁。
(170) 同右四六八頁。
(171) 前掲『第二次世界大戦から米ソ対立へ』二五二頁。
(172) 同右二五二頁。
(173) 同右二五二～二五三頁。
(174) 同右二五三～二五四頁。
(175) 同右三一二頁。
(176) 前掲『冷戦と経済繁栄』二五〇～二五二頁。
(177) 同右二五二頁。
(178) 前掲『アフリカの民族と社会』四六九頁。
(179) エジプトが軍事介入している隣国のリビアで停戦が発表された、という（「リビア内戦、停戦発表」〈『朝日新聞』二〇二〇年八月二十三日号〉）。

# 第20章 イランの歴史

## 一、はじめに

次は中東のイランである。今日、西アジアの大国イラン・イスラム共和国は、サウジアラビアと覇権を争いながら、西アジアで色々な国家と関係しつつ、国家の勢力を拡大しようとしている。特にシリアとの関係では、イランがイスラム教徒のシーア派であるにもかかわらず、対立するスンニ派の方の、シリアのアサド政権を支援し、影響力の拡大を図っている。

イランはなぜこのように中東で大きな力を持つことができるようになったのであろうか。その発展の歴史を明らかにしていきたい。

## 二、イランの成長

さて、イランと覇権を争っているスンニ派のサウジアラビアは二〇一一年頃、シリアのアサド政権の崩壊が近いと見て、その反体制派を支援するようになった。すると、これを見たシーア派のイランは、これまでサウジアラビアと対立してきたので、自動的にアサド政権を支援するようになったのである。次にイランの歴史を見たい。

近代に入ってヨーロッパ列強（特にイギリスとロシア）が進出してくる頃になるとイランの、カージャール朝はにわかに衰え、国土の半分以上を英露に占領される事態となってしまった。これは一九〇七年八月の英露協商の結果である。

イランは滅亡の危機に直面したが、第一次世界大戦がイランを救った。なぜかと言うとイギリスは大戦の当事国で、大戦に掛かり切りになったし、一方のロシアの方は第一次世界大戦中の一九一七年のロシア革命で滅亡し代わって成立した社会主義政権のソ連が「イランに対する債権や利権も放棄することを宣言した(180)」からである。そして、イギリスの後退も始まった、とある。

こうして、イランは持ち直し、有能な軍人であるレザー・ハーンが登場して彼は一九二一年二月首都テヘランに入城し、トルコ系のカージャール朝に代わって、パフラヴィー朝を樹立したのである。(181) そして、彼の即位式は一九二五年十二月に行われた。

彼によって様々な改革が実行されていくが、彼は国内の統一に欠かせないとして、ペルシア湾とカスピ海沿岸をつなぐイラン縦貫鉄道も完成させている。(182) なお、この仕事はスウェーデンとデンマークの会社のシンディケートによって遂行された、とある。(183) さらに国号も、一九三五年にペルシアからイランに改められた。こうしたことから、レザー・ハーンは一層政治に励むと思われたのである。

ところが、レザー・ハーンは一九四一年に突然退位してしまい、息子の皇太子が新皇帝に即位した。なぜか。レザー・ハーンが一九三九年九月の第二次世界大戦勃発時には中立を宣言していたが、第二次世界大戦中には明らかに日独伊側に立つようになったため、怒った英ソ両軍がイランに侵入した。そのため、レザー・ハーンは責任を取って退位した、というのが真相のようである。

表向きは「心身ともに疲れはてた。国民の幸福を守るためには若い力が必要と思う[184]」ということで、レザー・ハーンは皇太子に皇帝を譲ったということになっている。なお、この時は仮の即位式だったので、新皇帝の正式な即位式は即位後二十六年もたった一九六七年の秋に盛大に行われたという。[185] これがパフラヴィー2世である。

さて、第二次世界大戦中はイランは英ソの軍隊に占領されていたが、一九四三年十一〜十二月に行われた英米ソ三国首脳（チャーチル・ルーズヴェルト・スターリンの三人）のテヘラン会談で、戦争が終わればイランを独立させ、軍隊を撤退することが約束された、という。だが戦後になってもなんの償いも経済援助も与えられなかったので、イラン国民は憤慨し、モサディグ首相の一九五一年三月の石油国有化宣言につながっていく。

一九五一年に石油国有化が行われたが、世界の石油カルテルが石油販売を拒否したので石油が売れなくなり、イラン政府の財政は苦しくなった、という。だが、それに屈せずモサデイグは土地改革などの様々な改革を行った。ところが、一九五三年八月、テヘランで反モサデイグ派のクーデターが起き、皇帝の国外亡命をはさんで、皇帝派のザヘディ参謀総長が軍隊を集め、市街戦の後、モサデイグ派を倒してしまった[186]。そのため、石油国有化も消滅し、モサデイグの肝心のこの改革も頓挫してしまったのである。

皇帝はイランに戻り、やがて一九六三年から上からの近代化政策である白色革命を断行した。これはアメリカからの経済援助と石油収入を投じて、軍や首都の近代化を強行するというものである。だが、それにより貧富の差が拡大したりしたため、今度は一九七八年から国内に反皇帝運動が広まった、という。

その結果、一九七九年一月、皇帝はまた亡命し二月にフランスから宗教指導者ホメイニ師が帰国して超法規的に活動し、同年三月国民投票により、復古色の強い国家であるイラン・イスラーム共和国が成立した。これをイラン革命という。新国家は「イスラーム原理主義」を指導理念にかかげ、欧米諸国と厳しく対立していくようになった。[187] 反ソも掲げた、という。[188]

このイラン革命の混乱に乗じて隣国イラクが独裁者サダム・フセインの指導下に、一九八〇年九月イランに軍隊を侵入させて始まったのがイラン・イラク戦争である。この戦いは国連などの調停も実らず結局一九八八年八月までの九年間もの長期の消耗戦になった。この時、イランと対立しているアメリカはイラクを支援している。

ところが、イラクはこの戦争の終戦から二年後の一九九〇年八月、今度は隣国クウェートの石油資源を狙ってクウェートに侵入し、併合を宣言したことで後の湾岸戦争の原因を作ったのである。この湾岸戦争とはアメリカが二十八カ国の軍隊から成る多国籍軍を作り、一九九一年一月にイラク軍を攻撃したことから始まった戦争のことであり、その結果イラク軍は大打撃を受け、同年二月にクウェートから撤退している。

この時、原油流出による海洋汚染や油田の炎上による大気汚染などの環境破壊も起こった、という。[189] フセインはその後も独裁政治を続けたが、二〇〇三年三月にイラクが大量破壊兵器を保有しているとの理由でイラクを攻撃したアメリカ軍によって拘束され、影響力を失っていった。

イランの話に戻ると、その後、西アジア（中東）方面の大国として繁栄し、イスラム教少数派のシーア派の代表として、大いに発展しようとしている。今日の、ロハニ大統領は穏健派であるが、他国との関係では「大国主義」国家としての態度を取っているように見える。つまり、イランは建国以降次第に大国として行動するようになり、一九三二年九月成立のサウジアラビアと長い間覇権を争っているように見えるのである。

ところで、イランでは他のイスラム圏のアフガニスタンやリビアと同様に、近代化を西欧化として批判して、イスラームへの回帰を唱える急進的運動が勢力を伸ばし、テロ活動も一時行っていたようであるが、(190) 人民の支持を得られなければ何にもならないので、あまり急進的運動は発展しなかったと思われるのである。ホメイニ師も、最初はこの急進的運動の形で登場したが、やがて現実的な改革の方に変えていったので、イラン国内で支持者を増やしていくことができた、ということなのであろう。

さて、この強硬なグループは前述の「イスラーム原理主義」とも言い、一九八一年十月、エジプトのサダト大統領を暗殺したのも、このグループだった、という[191]。なお、ホメイニ師は一九八九年の死亡の年まで、イラン政治の中心にいたようである。

## 三、イランの今日

ホメイニ師の死後イランの政権は不安定であったが、彼に代わるイスラム教シーア派の宗教指導者が出て、政権も安定し、急進派と穏健派が交互に政権に就いてきた。今日は宗教指導者ハメネイ師の指導下に、大統領は穏健派のロハニ大統領である。

シリア情勢に戻ると、イランは「シリアの地中海沿岸に海・空軍の基地を持つロシア[192]」と盟友関係にあり、また、アサド政権と同盟関係にあるので『シリアの主権尊重』を訴えて〔アサド――引用者注〕政権を支援[193]」してきた。なお、ロシアは二〇一五年からシリアに本格介入しているようである。

だが、今日反体制派の拠点がイドリブ県のみとなり、アサド政権の勝利がほぼ確実になってくると「イランは派遣した精鋭部隊400人以上が戦死したうえ、国内で多額の戦費への批判も高まっており、早期の同県制圧で内戦を終結させて、自国の負担を少しでも減らしたい考えがあるとみられる[194]」とある。大国イランでも負担は相当厳しいようである。

イランの本音としては、盟友ロシアは大国で余裕があるが、それと比較すると自国の長期の派兵は財政的に苦しく、撤兵したい、ということなのであろう。イランが、世界で一・二を争う大国のロシアと比較にならないのは当然である。因みに、ロシアはイドリブ「県に近接する地中海にミサイル巡洋艦など25隻を展開し、4月には同県西部などで40回以上の空爆を実施したという[195]」とある。ロシアとイランの差は歴然としている。

ところで、二〇一八年二月にイドリブ県上空でロシア軍攻撃機が過激派のミサイルによって撃墜されるという事件が起こったが[196]、ロシアはそれにもかかわらず攻勢を強めているようである。なお、この時、アメリカ製の地対空ミサイルが過激派に供与された、という噂も飛んだという。[197] これに関しては、アメリカ国務省は完全に否定した、とある。[198]

もし、この噂が本当であれば、ロシアとアメリカの、形を変えた代理戦争ということになる。そうなれば前述した、イエメンのサウジアラビアとイランの代理戦争どころではなく、世界の超大国同士の戦いということであるから、世界に与える衝撃は格段に大きくなるはずである。だが、幸いにもその可能性は今のところは低い、と思われる。ただ、今後の予断は許されないであろう。反体制派にしてみれば、完全降伏はしたくないであろうから、どんな手段を使ってくるかわからないのである。その点、非常に不気味である、と言える。

イランのザリフ外相が二〇一八年九月三日に、シリアの首都ダマスカスでアサド大統領に「アサド政権が反体制派の支配地域を奪還する必要性を強調した」[199] というが、イランの本音はシリアでの戦闘が一日でも早く終わってほしい、ということであろう。

イランは単に「大国の意地」で、戦闘に続けて参加しているだけとしか思えないのである。

ロシアの方は社会主義政権のソ連の頃から中東ではシリアと盟友関係にあったのであるから、今日もその流れでシリアを支援しているのは理解できる。だが、イランの方はイスラム教の宗派の異なるスンニ派のシリアのアサド政権を支援しているのであるから、これは理解に苦しむことなのである。一言で言えば、「大国主義」、つまり影響力の拡大を図りたいがゆえに、シリアのアサド政権を支援しているだけ、としか思えないのである。

資料に「政権軍に包囲された同県〔イドリブ県のこと――引用者注〕では約290万人が孤立し、大規模な戦闘が始まれば多数の犠牲者が出るのは必至だ(200)」とある。いつの世でも、一番大きな被害を被るのは「名もなき人民」なのである。これがシリア内戦でも、また繰り返されていると思う。

予断を許さないイドリブ県の今後に注目していきたいが、イドリブ県は反体制派にとってシリアの最後の拠点だ、という。そうなれば、反体制派も必死に戦うであろうから、戦闘は激化すると思われる。イドリブ「県を失えば、トルコ国境沿いの地域と南部の砂漠地帯で影響力を残すのみになる(201)」というのであるから、そうなれば反体制派は壊滅するであろう。

同県が政権軍の手に落ちた場合、シリアの内戦が止むかというとさにあらず、また別の地域で別の反体制派のグループが蜂起して、戦闘が続いていくだけなのではないだろうか。つまり、戦闘は永遠に続いていくように見える。シリア内戦が長引いているので、ついこのように悪感的に見てしまうのである。

## 四、おわりに

イランの今日の国内の様子は、これから又鋭意調べていくということで、ここで一旦筆を擱きたい(202)。

注

(180) 前掲『インドと中近東』三五三頁。
(181) 同右三五四〜三五五頁。
(182) 同右三五八頁。
(183) 同右三五八頁。
(184) 同右三六三頁。
(185) 同右三六三頁。
(186) 前掲『われらの時代』三四五〜三四八頁。
(187) 佐藤次高他『詳説世界史B』（二〇〇二年　山川出版社）三四九頁。
(188) 前掲『世界史B用語集』三五三頁。
(189) 同右三四六、三五三頁。
(190) 前掲『詳説世界史B』三五二頁。
(191) 前掲『インドと中近東』二五二頁。
(192) 「泥沼化　シリア内戦　なぜ」（『朝日新聞』二〇一八年四月十八日号）。
(193) 同右。
(194) 「反体制派『最後の拠点』緊迫」（『朝日新聞』二〇一八年九月五日号）。
(195) 同右。

(196)「シリア北部混迷　ロシア軍機撃墜」(『朝日新聞』二〇一八年二月六日号)。
(197)同右。
(198)同右。
(199)前掲「反体制派『最後の拠点』緊迫」。
(200)同右。
(201)同右。
(202)(以下、新資料は便宜上A、B、C……とした)A「イランで襲撃　25人死亡」(『朝日新聞』二〇一八年九月二十三日号)に、「イラン……南西部のアフワズで、数百人規模の軍事パレードが4人組の武装集団に襲撃された。……若者の失業率が高い同州〔フゼスタン州のことでその州都がアフワズ――引用者注〕では……住民の政府への不満が高まっている」とある。
　B「米イラン　遠のく対話」(『朝日新聞』二〇一九年九月十八日号)に、「サウジアラビアの石油施設が攻撃された問題で、『イランの仕業』と主張する米国と、否定するイランの間の緊張が高まっている。……ロハニ師〔大統領――引用者注〕は、内戦下のイエメンの反政府武装組織フーシによる攻撃だと主張した。フーシとイランは、密接な関係にある。……米側が『イランによる攻撃』の根拠として挙げるのは、方角だ。北西や北側が被弾しているため、北や北西に位置するイランやイラクからドローンなどが飛来したと考えるべきだという。……過去にもサウジに撃ち込まれたミサイルが『イラン製だった』との指摘もあり、軍事的支援が疑われてきた」とある。

　その続報のC「米、対イラン手詰まり」(『朝日新聞』二〇一九年九月二十二日号)に、「……

『イランが関与した』と主張する米国は20日、イランの中央銀行への経済制裁と、サウジに駐留する米軍の増派を相次いで打ち出した」とある。

そして、前掲の「米イラン　遠のく対話」に、「フーシは8月にも、『サウジ東部の油田地帯をドローンで攻撃した』と主張する。16日には『再び攻撃する用意がある』とした」とある。

D　稲葉義泰「ホルムズ海峡自衛隊派遣の法的根拠と問題点」（『丸』二〇一九年十一月号　潮書房光人新社）に、二〇一九年六月日本のタンカーが中東のホルムズ海峡で攻撃を受けたが、「アメリカ政府は①事件の犯人はイランの革命防衛軍であること、②攻撃に用いられたのは船体に吸着して爆発する吸着水雷（リムペットマイン）であること、を主張した」とある。

E　「イスラエル　強める越境攻撃」（『朝日新聞』二〇一九年九月一日号）に、「イスラエルにとって、イランがレバノンやイラク、シリアで影響力を伸ばすのは見過ごせない」とある。

F　「トルコ、クルド勢力掃討優先」（『朝日新聞』二〇一九年十月十一日号）に、「一方、米国とトルコの緊張の高まりで結果的に『漁夫の利』を得るのは、アサド政権と支援勢力のロシア、イランだ」とある。

G　「中東に新たな火種か　サウジ沖でイランタンカー爆発」（『朝日新聞』二〇一九年十月十二日号）に、「……犯行声明は出ておらず、爆発現場に近いサウジアラビアからの反応はない。イランも犯行主体を名指ししておらず、詳細は不明なままだ」とある。

H　「シリア複雑化　和平遠く」（『朝日新聞』二〇一九年十月十六日号）に、「……少数民族クルド人　クルド人は……トルコ南東部、イラク北部、イラン北西部、シリア南東部などに分断され、……」とある。

I　渡辺由輝「数学者の新戦争論」(『丸』二〇一九年十二月号　潮書房光人新社)に「政教一致的国家の一つであるイラン……」(一六九頁)とある。

J　「イラン大統領『大油田発見』」(『朝日新聞』二〇一九年十一月十二日号)に、「イラン政府は10日、南西部フゼスタン州で大規模油田が見つかったと発表するとともに、南部ブシェール原子力発電所の2号機の建設現場を現地メディアなどに公開した」とある。

K　「イラン　1000人超拘束」(『朝日新聞』二〇一九年十一月十九日号)に、「デモは、15日に政府がガソリン価格の最大3倍の値上げを発表した後に、全土で起きた」とある。

# 第21章　サウジアラビアの歴史

## 一、はじめに

次は中東のサウジアラビアである。今日、イランと並ぶ大国となっているサウジアラビアはどのように発展してきたのか、以下で述べたいと思う。

## 二、サウジの独立

二十世紀に入り、西アジアではイスラム教勢力としてワッハーブ派が大きな勢力を持っていて、エジプトのムハンマド・アリーと対抗していたが、そこに偉大な指導者イブン・サウードが登場した。彼はアラビア半島に一九三二年九月にサウジアラビア王国を成立させたのであり、この彼の行っていたワッハーブ派の運動こそが「強烈なイスラーム改革の要求とアラビア半島における出自の自覚が結合した運動であった」[203]とある。

イブン・サウードはアラビア半島にあったヒジャーズ王国を滅ぼしてヒジャーズ・ネジド王国を建て、イエメンを除くアラビア半島の大部分を統一してサウジアラビア王国を成立させた、という。[204]彼は因みに、一九五三年まで在位している。王位に長期間就いていたことが、それによりわかるのである。

また、欧米諸国とアラビアの関係を見ると、アラビアは第一次世界大戦中、英独の争奪の地となったが、戦勝によりイギリスの勢力が増大し、イブン・サウードはイギリスの援助のもとにアラビアを統一し、王国が建国できたようである。[205]逆に言えば、サウード単独では建国は中々難しかったと思われるのである。

さらに資料に「サウード家という突出した一族が他の部族やワッハーブ家と連合しながら、サウード家の私的な経済活動で利益を追求した政体は、政治指導者の特権を生かして公共の余剰財を一族の利益や福利のために効果的に運用した点でも、現在のサウジアラビア国家の原型といってもよい[206]」とある。

## 三、サウジの成長

第二次世界大戦は米英仏などの連合国と日独伊の枢軸国の戦いであったが、石油の供給地であり、交通の要衝である中東地域は両者の争奪の舞台となり、結局は英仏側が勝利したのである。英仏側の中心国イギリスは秩序維持のため、アラブ諸国に働きかけ、その結果大戦終了直前の一九四五年三月、中立を守っていたサウジアラビアやエジプトが中心となってアラブ連盟が結成されたという[207]。アラブ連盟は、アラブ諸国家の連帯の強化、独立と主権の尊重、紛争の防止と協力の促進をうたうアラブ連盟は、イギリスの中東政策を補完するものだったのである。

そのサウジアラビアを中心としたアラブ連盟の反逆の闘志に火を付けたのがパレス

チナ地域におけるイスラエルの建国（一九四八年）であった。一九四八年五月イスラエルが独立を宣言すると、サウジアラビア、エジプトなどがイスラエルに侵攻してここに第一次中東戦争が勃発したのである。

戦争は結局アラブ諸国がバラバラだったため、よく組織されたイスラエルに勝てず、一九四九年二月に国連の調停で停戦した時にはイスラエルは広大な地域を獲得し、イスラエルの存在を世界に認めさせるものとなったという。(208)

この戦争でアラブ側が敗北したことで各国共旧支配層が批判され、特にエジプトでは革命が起き軍人ナセルが実権を握った。このナセルが台風の目となり、ソ連に接近し、やがてスエズ運河を一九五六年七月国有化したことから勃発したのが一九五六年十月の第二次中東戦争であった。これはイスラエル軍がエジプトのシナイ半島に侵攻したことから英仏が出兵して始まった戦争である。戦争は一九五六年十一月に停戦してエジプトの政治的大勝利に終わり、逆にイギリスの帝国的支配はその敗北により終了している。(209)この戦争時においてはサウジアラビアは中立を守っているが、シリアがエジプトとの統合を求めて一九五八年二月にアラブ連合共和国を結成するというおまけまで付いている。エジプトの力は一層増したようである。

これに対し、アメリカは一九六三年十一月にケネディ大統領が暗殺された後、大統領となったジョンソンが中東で親米政権の育成に努め、その一つがサウジアラビアであったという。エジプトはこれに対抗する姿勢を強めることになり、一九六七年五月アカバ湾の封鎖を宣言したことからイスラエルとの戦争となって、一九六七年六月第三次中東戦争が勃発した。この戦争は「六日間戦争」と言われるように、緒戦を制したイスラエルの圧勝に終わっている。アラブの敗北でナセルの権威は地に堕ち、ナセルは一九七〇年九月心臓発作で死亡して彼の時代は終わった[210]。

やがて時が経ち、ベトナム戦争が泥沼化していく中で発生したのが石油危機である。一九七三年十月、エジプトとシリアがイスラエルに占領されていた領土をとり戻そうとスエズ運河東岸とゴラン高原に侵攻したことからイスラエルとの戦争となり、第四次中東戦争が勃発したが、反撃したイスラエル軍が勝利して一九七三年十月中に戦争は終了した。だが、アラブ諸国が原油産出量を大幅に減少させたことから世界的な石油危機が発生したのである。ただ、後にサウジアラビアが増産したため、石油危機はかなり緩和されたという[211]。

## 四、サウジの今日

第二次世界大戦後の四回の中東戦争を中心とした歴史を述べてきた。次に、サウジアラビアと他国との関係を見たい。

まず最初に、サウジアラビアと南接するイエメンとの関係を見たい。ある資料に「イスラム教スンニ派の盟主サウジアラビアは、シーア派のイランと地域の覇権を争ってきた。隣国イエメンの内戦でイランと代理戦争を続けるほか、イラクやレバノンなどでも対立する[212]」と書かれている。

イエメンの内戦とは、サウジアラビアが支援するハディ氏率いる暫定政権と、イランが支援するイスラム教シーア派系の反政府武装組織フーシが二〇一五年から内戦をしていることを指していて、サウジアラビアとイランの「代理戦争」と言われているのである。[213] イエメンでは民間人が巻き込まれて二〇一五年三月以降約一万人が死亡し、国連などから人道的な危機が「世界最悪」と言われているのである。さらに、両者の戦闘は激化している模様である。

ただ、国連の仲介で停戦に合意したため、二〇一八年十二月からフーシ側が撤退を始めたというが、これがイエメン全土の停戦につながるかどうかは不透明であり、むしろその可能性は低い、という。[214] 内戦は依然として、続いているのである。なお、停戦を合意した理由の一つに、記事によると、「サウジは内戦介入を主導したムハンマド皇太子に、〔二〇一八年 —— 引用者注〕一〇月にトルコで起きたサウジ人記者殺害事件で国際社会の非難が集中[215]」したことが挙げられるという。サウジアラビアも派手に動けなくなっているということである。一方のイランも「米国の経済制裁への対応で、フーシへのこれまでのような関与が難しくなっている模様だ[216]」というから、サウジアラビアとイランの両者が手を出しにくくなっているということであろう。故に内戦も小康状態となり、休戦か停戦に進む可能性もあるのである。同記事に「過去の停戦合意はこれまでも破られており、全土での停戦に向けた進展があるかは不透明だ[217]」とある。

サウジアラビアとイエメンとの関係でもう一つ、アフリカのエチオピア人の若者がジブチ・イエメン経由でサウジアラビアに密入国する問題が最近起きている、という。「国際移住機関（ＩＯＭ）によると、隣国ソマリアなどから出る者を合わせると、〔二〇〕一六年に一一万七千人がイエメンに渡り、〔二〇〕一七年も九万九千人。大半がエチオピア人で、一部にソマリア人もいる。……無事にたどり着けるのは、ごく一部だ[218]」とある。「若者が流れ込むのは経済上の理由だ。……エチオピア……の〔二〇〕一七年の一人当たり国民総所得は七四〇ドル（約八万一千円）で、二万九〇ドルのサウジの二七分の一程度[219]」である、とある（傍点は引用者。以下同様）。エチオピアの貧困が背景にあるので、死の危険を犯してもイエメン経由でサウジアラビアに密入国したいというわけである。「『サウジに行けば金持ちになって仕送りもできる』といった密航業者の話が『サクセスストーリー』として広まる[220]」とあり、架空のもうけ話になってしまっているようである。

実際は密航業者が自分のもうけのために船を出しているのであるから、うまく行くはずがないのであり、結局は危険な紛争地であるイエメン止まりとなって命を落としてしまうということであろう。「内戦状態と知らずに入ったイエメンで戦闘に巻き込まれたり、誘拐されたりすることもある。無事にたどり着けるのは、ごく一部だ[221]」とある。他に、サレハ前大統領が二〇一七年十二月にフーシに殺害されたという件もある。

次に、サウジアラビアとイスラエルの関係を見たい。元々、イスラエルは前述したようにアラブ諸国と四回戦争をした。その結果「イスラエルは……エジプトとヨルダンを除き、現在もアラブ諸国とは国交がないが、近年はイランを『共通の脅威』として、関係改善を目指している[222]」という。

イスラエルは、サウジアラビア人記者がトルコで殺害された事件が起きた時もアメリカと共にサウジアラビアを擁護した、という[223]。これに対し、サウジアラビアの公式な見解の資料はないが、「親米国エジプトやヨルダンは米国から多額の軍事・経済援助を受けており、米国の中東政策に反対しにくい事情も抱える[224]」ということがあるものの、「アラブ諸国には、依然として反イスラエル感情を持つ市民もいる[225]」ことから「サウジなどがイスラエルと早期に関係改善するのは難しく、市民感情に配慮しながらの対応が必要になる[226]」とある。

イスラエルにしてみれば、四面楚歌、つまり四方すべて敵よりも、一国でも友好国があった方がやりやすいのは当然であろう。もっともこれに「大国主義」政策を採るサウジアラビアが簡単に乗るとは思えないのであるが。

他の記事に、「対イランで利害が一致するイスラエルとアラブ諸国が水面下で接近する可能性もある[227]」とある。

ただ、この記事にはサウジアラビアのことは書かれていないので、記者の眼中にはないのかもしれない。ここで言う、アラブ諸国とはアラブ首長国連邦（UAE）、バーレーンを指しているようである。因みに、UAEは二〇二〇年八月に、バーレーンは二〇二〇年九月にイスラエルと国交を樹立した。

次にサウジアラビアとイランとの関係を見たい。

「一九七九年二月のイスラム革命後、イランは米国と敵対しつつ、周辺諸国のシーア派勢力への支援に力を注いできた。内戦が続くシリアには精鋭部隊を送り込み、中東全体を揺り動かす存在となっている(228)」とある。前章で詳述したようにイランは、シリアのアサド政権を支援して派兵しているのである。イラクやレバノンにも軍隊を派遣している、という。また、イランは「各地で抑圧されたイスラム教徒を助ける(229)」ということが外交の大前提となっているとある。これだけを見ると、イランはサウジアラビアと敵対しないように見えるが、当然この場合、各地のイスラム教徒のシーア派勢力などへの支援をするということなのであるから、スンニ派の盟主のサウジアラビアとは対立することになるのである。資料には、こうしてイラク、シリア、レバノンにまたがる「シーア派の三日月地帯」が完成し、その点でもサウジアラビアと対立することになった、[230]とある。

同じイスラム教であっても宗派が異なると、異教徒以上に対立する、ということであり、「大国主義」政策を採るサウジアラビアにしてみると、イランは邪魔な存在であるということであろう。両者の対立は永遠に続くと思われるのである。

両国共、石油輸出国で財政が豊かである、という共通点があり、それが対立を一層深めているのかもしれない。

次に、サウジアラビアと、内戦が続くシリアとの関係を見たい。元々シリアは中東の中心であり、繁栄していた。近代は、オスマン・トルコ領であったが、一九二〇年フランスの委任統治領とされ、一九四六年独立国となった。その後も順調に発展し、一九五八年二月に前述したように、エジプトとアラブ連合共和国を結成するまでになった。だが、二〇一一年三月に「アラブの春」がシリアに波及し、これをアサド政権が武力弾圧したことが内戦の原因となり、「同年半ばには、シリア各地で反体制派の組織化、武装化が始まった」[231]という。今日、シリア領内はアサド政権、反体制派、過激派組織、少数民族のクルド人の支配地域に分裂している。「アサド政権の崩壊が近いとみた欧米や、サウジやトルコ、カタールなどの周辺国は『弾圧される市民の保護』を理由に反体制派を支援[232]」し始めた、という。

「これに対し、……ロシアと、……イランは『シリアの主権尊重』を訴えて政権を支援した[233]」。これにより、内戦が一層複雑化したのである。だが、当初の予想に反し、反体制派は劣勢になり、「支配地域は国土の約1割にすぎない[234]」状況になってしまった。過激派組織「イスラム国」(IS)も、アメリカ軍の攻撃などでわずかな勢力を残すのみとなっている、という。[235]アサド政権の勝利が近いようだが、出口が中々見えないのである。一方、もう一つの勢力であるクルド人勢力は国土の約三分の一を支配しているが、アサド政権とは共存している、という。[236]複雑で微妙な立場である。

さらにもう一つ、サウジアラビアとイラクの関係も重要なので、少しだけ見ておきたい。一九七九年二月のイスラム革命によるイランの混乱をついたのがイラクの権力者サダム・フセインであり、一九八〇年九月、イラン南部の油田地帯に侵攻した、という。イラン・イラク戦争が始まったのであり、そのねらいはイラクの地域大国化である、という。[237] 所謂「ミニサウジアラビア」といったところであろう。この時シリアはイランを支持したが、スンニ派のサウジアラビアはシーア派のイランと対立していたのでアメリカと共にイラク支援に回った、という。なお、戦争自体は長期化し、一九八八年八月にようやく停戦している。[238]
最後にトランプ氏とサウジアラビアの関係を見たい。資料に「トランプ氏は核合意で冷え込んだサウジとの関係改善を狙い、……外遊先に選択した[239]」とあるようにアメリカはサウジアラビアを重視しているのである。

## 五、おわりに

以上の論考でサウジアラビアが中東でいかにして大国化していったのかが、明らかになったと思う。

一方、その国内については後日を期す、ということで、筆を擱きたい(240)。

## 注

(203) 山内昌之『世界の歴史20　近代イスラームの挑戦』(一九九六年　中央公論新社)一二八頁。
(204) 前掲『世界史B用語集』三〇二頁。
(205) 前掲『詳説世界史B』三〇三頁。
(206) 前掲『近代イスラームの挑戦』一二八頁。
(207) 前掲『第二次世界大戦から米ソ対立へ』二四四頁。
(208) 同右二四八頁。
(209) 同右二五五〜二五六頁。
(210) 前掲『冷戦と経済繁栄』一四四頁。
(211) 同右二七二〜二七四頁。
(212) 「イスラエル、アラブに接近」(『朝日新聞』二〇一八年十一月十一日号)。
(213) 「イエメン　内戦が激化」(『朝日新聞』二〇一八年六月五日号)。
(214) 同右。

(215)「反政府『フーシ』、撤退開始」(『朝日新聞』二〇一九年五月十三日号)。
(216)「イエメン　部分停戦」(『朝日新聞』二〇一八年十二月十五日号)。
(217)同右。
(218)同右。
(219)「密入国　内戦のイエメンへ」(『朝日新聞』二〇一九年五月十六日号)。
(220)同右。
(221)同右。
(222)同右。
(223)前掲「イスラエル、アラブに接近」。
(224)同右。
(225)同右。
(226)同右。
(227)同右。
(228)「イスラエル、イランに圧力」(『朝日新聞』二〇一九年一月十六日号)。
(229)「イラン・イスラム革命四〇年(下)」(『朝日新聞』二〇一九年二月六日号)。
(230)同右。また、同文にイランの「……各地のシーア派勢力などへの支援は、『革命の輸出』を恐れるサウジアラビアなどとの緊張関係を生んだ。帯状に連なる同盟勢力によってイスラエルやサウジを自国と隔てることに成功した、と周辺国からみられている」とある。

(231) 「泥沼化　シリアの内戦　なぜ」(『朝日新聞』二〇一八年四月十八日号)。
(232) 同右。
(233) 同右。
(234) 同右。
(235) 同右。
(236) 同右。
(237) 前掲『冷戦と経済繁栄』三二八頁。
(238) 同右三二八頁。なお、他に前掲「イラン・イスラム革命四〇年(下)」。また、今日のイラクに関しては、「イスラエル　強める越境攻撃」(『朝日新聞』二〇一九年九月一日号)。
(239) 前掲「イラン・イスラム革命四〇年(下)」。
(240) (以下、新資料は便宜上A、B、C……とした)二〇一九年九月十四日になってサウジアラビアの油田が無人機に攻撃され、大損害を受けたが、フーシが自ら攻撃した、と主張している。だが、アメリカは疑っているという。A　前掲「米イラン　遠のく対話」。同右に「被害を受けたサウジもイランと正面衝突になれば、国家財政を支える東部の油田地帯が被害に遭う可能性が極めて高く、回避したいのが本音とみられる。……フーシが実施したのならば、技術力が飛躍的に向上したことになる」とある。
また、その続報のB　前掲「米、対イラン手詰まり」に「……米国は……サウジに駐留する米軍の増派を……打ち出した。……サウジへの本格的な米軍駐留を16年ぶりに再開すると発表した」とある。

一方、前掲の「米イラン　遠のく対話」に「米国とサウジは軍事、経済両面で緊密な協力関係にある」とある。

C「米イラン会談　実現せず」（『朝日新聞』二〇一九年九月二十八日号）に「米国にとってイランへの軍事介入は避けながらも、サウジなど中東の同盟国に配慮を示すためには制裁強化が必要で、対話には踏み切れなかったとみられる」とある。

D「フーシ、サウジ攻撃の映像」（『朝日新聞』二〇一九年十月一日号）に、「内線が続くイエメンで、反政府武装組織フーシは29日、ハディ暫定政権を支援するサウジアラビアを攻撃したとする映像を公開した。……フーシの主張に対してイエメンに軍事介入する有志連合軍を率いるサウジからの反応は出ておらず、暫定政権の情報相らは否定している」とある。

E「対イラン『平和的解決が良い』　サウジ皇太子　米の番組で」（『朝日新聞』二〇一九年十月一日号）に、皇太子は「〔二〇一八年〕10月に記者のジャマル・カショギ氏がトルコのサウジ総領事館で殺害された事件をめぐっては、責任を取るとしたものの、殺害命令については明確に否定した」とある。

F「サウジ記者殺害　進まぬ真相解明」（『朝日新聞』二〇一九年十月三日号）に、「皇太子が権力を保った要因の一つが、トランプ米大統領の擁護だ。トランプ氏にとっては、サウジが巨額の武器購入をする『得意先』であり、敵対するイランへの包囲網を敷く上で協力が欠かせない」とある。

G「『有志連合』監視活動を開始」（『朝日新聞』二〇一九年十一月九日号）に、「……米国以外の参加国は、……サウジアラビア……の6カ国にとどまっている」とある。

# 第22章 ドイツの歴史

## 一、はじめに

最後はヨーロッパに戻って、ドイツである。ドイツは神聖ローマ帝国の時代が第一帝国、ビスマルクの時代が第二帝国、ヒトラーの時代が第三帝国と言われる。なぜ三度も帝国を作ることができたのか、以下その歴史を見たい。

## 二、「ドイツ」の成立

古代のフランク王国の中で、「民衆の言葉」という意味でドイツという言葉が成立したという。[241] だが、ドイツという国家が成立したわけではなく、後にプロイセンを経て、ドイツという国家が成立したのは、近代の一八七一年一月であり、普仏戦争に勝利したプロイセンが宰相ビスマルクの下で、ヴィルヘルム一世の皇帝即位式を挙行してからである。実に長い間、ドイツという民族国家が成立しておらず、これがオーストリアやフランスなどと異なるところである。なお、プロイセンが実質ドイツだ、と言う歴史家もいるが、私はプロイセンはあくまでドイツ民族の歴史の一部を代表している国家に過ぎず、ドイツ民族全体を覆う国家が成立したのは一八七一年であると思う。

　そういう点で言うと、後にアドルフ・ヒトラーが一九三八年三月、オーストリアを併合したのも、オーストリアがドイツ系なのであるから、あながち誤った侵略主義とは言い切れない気もする。全く異なった民族系統の国家を併合したわけではないのである。正反対なのが一九一〇年の日本の韓国併合であり、日本人と朝鮮人は全く異なった歴史を歩んできたのであるから、これこそ侵略主義の典型であると言えるのである。オーストリアに戻ると、だからこそドイツ国民はヒトラーのこの行動を熱烈に支持したのであろう。ヒトラーがオーストリア併合を宣言した時の写真が私の頭から離れない。彼の前に、何十万人という人民が集まっているのである。うわべだけの支持（動員されたとか）でこれだけの人民が集まるとは思えない。ヒトラーのこの併合を心の底から支持したからこそ、この数の民衆が集まったと思われるのである。

## 三、ドイツの成長

ドイツ国内で一八三五年十二月、ニュールンベルクからフュルトまでの区間で鉄道が開通し、これがドイツの経済発展ののろしとなり、各地に株式会社が設立された、という。(242) そのドイツ地域を発展させる基礎を作ったのが一八六二年九月に首相に任命されたビスマルクである。

彼は普墺戦争と普仏戦争に勝利して「大ドイツ」を作り、社会主義運動を弾圧しながらも、すぐれた社会保障を行ったという。(243) また、彼は中部アフリカと東南アフリカに広大な植民地を手に入れた。後にドイツは中国にも進出してドイツ人宣教師が殺害されたのを口実にして山東半島を勢力範囲としている。彼自身は一八九〇年三月に首相を辞任するが、ドイツ自体の成長は続いており、第一次世界大戦直前がその一つのピークであろう。

ドイツがヨーロッパで一、二を争う大国であったからこそ、サラエボ事件でセルビアと衝突したオーストリア＝ハンガリー帝国は真っ先にドイツに救いを求めたのであり、イタリアとの三国同盟を利用して世界戦争に突入したのである。第一次世界大戦の最初の頃は一進一退であったが、イタリアが脱退して英仏側に与したため、同盟側は劣勢となった。そこに中立国だった大国アメリカが、イギリス客船をドイツのUボートに撃沈されアメリカ人乗客の多数が死亡したことで英仏側に立って参戦したため、連合国側の勝利は決定的となり、ドイツは敗北した。

一九一九年六月調印のベルサイユ講和条約でドイツの領土は縮小し、ワイマール共和国が成立した。一三二〇億マルクという巨額の賠償金が課せられたことで、二度とドイツは戦争ができない国家となったはずであった。

そのドイツに復興のきっかけを与えたのが一九二九年十月に始まった世界大恐慌であろうと思われる。アメリカを含めた各国が恐慌からの脱出に大童の時に、ドイツではヒトラーがゲルマン至上主義を国民に訴え、支持を拡大していったのである。国難に遭っている時に国民が望むのは強力なリーダーシップを発揮できる指導者である。アメリカの、大恐慌期のフランクリン・ルーズベルト大統領がその典型であろう。一九三三年一月内閣を組織したヒトラーはやがて全権を握り、強いドイツを国民に訴えて一九三八年三月オーストリアを併合し、さらに同年九月にはチェコスロヴァキアの、ドイツ系住民が多いズデーテン地方を強引に併合したのである。(244) もちろん、ヒトラーのユダヤ人虐殺は許せないことではあるが。

翌年九月、ドイツがポーランドに侵攻して第二次世界大戦が勃発するが、戦局は一進一退であった。結果論を重視する歴史家は、狂気の政治家ヒトラーの自滅は最初からわかっていた、と言うが、待ってほしい。ヒトラーが一九四二年八月〜翌年二月のスターリングラードの戦いで敗北してドイツ軍は撤退するが、この作戦にも色々な説がある。今のところ、モスクワとスターリングラードの二正面作戦をヒトラーが採ったので敗北した、という説が有力である[245]。

歴史を論ずるに「……れば」、「……たら」は良くないが、もしこの時ヒトラーがスターリングラード占領のみにしぼっていれば、ドイツ軍は勝利したかもしれないのである。この時期、ヨーロッパでドイツと戦っていたのはソ連とイギリスのみであるから、ソ連が後退し、イギリスが孤立すれば講和を考え、アメリカも手を出すのを控えたかもしれない。そうなれば、大戦のゆくえはどうなったか、全くわからないのである。恐ろしいことではあるが。だが、現実にはソ連が勝利し、ドイツが劣勢となって、一九四四年六月の連合軍のノルマンジー上陸作戦もあり、一九四五年四月東西からはさみ撃ちにあったヒトラーは、その直前盟友のイタリアのムッソリーニが殺され広場で逆さ吊りされた、ときいて愛人と自殺した。死体の焼却まで部下に命じたという。第三帝国の崩壊である。

## 四、ドイツの戦後

第二次世界大戦後、ドイツは米ソ冷戦のあおりで東西に分割されて苦しんだが、冷戦終了後、一九九〇年十月東西ドイツが統一され、再び大国として成長している。因みに、二〇一九年の世界の軍事費の中でドイツは第七位であるという[246]。

## 五、おわりに

資料に「極右思想の人物が特定の人種や宗教を差別し襲撃するといった犯罪が後を絶たない[247]」とある。ドイツも難しい問題を抱えている、と言える。今後の資料を見るということで、ここで筆を擱きたい[248]。

# 注

(241) 阿部謹也『物語　ドイツの歴史』(一九九八年　中央公論新社) 三〜五頁。
(242) 同右一九一〜一九八頁。
(243) 同右二一八〜二一九頁。
(244) 同右二四二頁。
(245) この戦いについては、大木毅『独ソ戦』(二〇一九年　岩波書店) が詳しい。
(246) 「世界の軍事費　最高水準」(『朝日新聞』二〇二〇年四月二十五日号)。
(247) 「ドイツの終戦、『降伏』か『解放』か」(『朝日新聞』二〇二〇年五月九日号)。他に、前掲『物語　ドイツの歴史』二七五〜二七七頁参照。
(248) 鳩澤歩『鉄道のドイツ史』(二〇二〇年　中央公論新社) に、十九世紀末に「大国の地位を確立していた。ドイツの鉄道業も、この『世界政策』で大きな役割を担った。アフリカやアジアの各地でドイツの鉄道人が路線建設をおこない、介入ないし植民地的統治の道具とする」(一七六頁) とある。また、對馬達雄『ヒトラーに抵抗した人々』(二〇一五年　中央公論新社) に、「ヒトラー……は絶大な人気があった。国民は……ヒトラーを支持しつづけた」(「はじめに」) とあり、「……ヒトラー独裁を支持する国民の存在がある。一言でいえば、ナチス期のドイツ国民は人間として大々的に愚かになった。彼らはヒトラーに全権を委ね、ヒトラーは彼らの期待に応えた」(一七二頁) ともある。

# おわりに

ここで、全体をまとめてみたい。世界の合計二十二カ国を調べてみて、二つのことがわかった。一つは、その時の国際環境もあるものの、その国に有能な政治家か国王が登場すると国家は拡大するが、逆に有能でない政治家や国王であると国家は縮小してしまう、ということである。

もう一つは、その国家の近隣に強力な国家が存在しないと、周辺に領土を拡大しやすい、ということである。ここから「大国主義」の発想が出てくる。例えば、南米のチリやヨーロッパのオーストリアがそうである。逆に、周辺に強力な国家があると、ヨーロッパのポーランドのように国家が分割されてしまう。

なお、十九世紀は普通帝国主義の時代と言われているが、私はこれをあえて大国主義の時代と言い換えてみたい。なお、今日各国共例外なくコロナ禍で苦しんでいる。これからも研究を続けていきたいと思っている。

# あとがき

前著の続編という形ではあるが、大国主義の国家というテーマで、パキスタンとイランをその典型的例として本書をまとめてみた。すべて書き下ろしの文章である。不十分な点はまた御叱責いただくとして、一つのまとめとしたい。

本書を、一昨年他界した母に捧げると同時に、御世話になった東京図書出版の皆様と、私の家族に感謝したい。

二〇二一年四月

寺島英明

寺島　英明（てらしま　ひであき）

近現代史研究家。

1952年兵庫県宝塚市生まれ。

東京教育大学文学部史学科東洋史学専攻卒業後、筑波大学大学院歴史人類学研究科（史学）博士課程を単位取得退学。専門は、モンゴル近現代史。2013年まで千葉県私立和洋国府台女子中学・高等学校で社会科教諭。他に、高校講師・塾講師・専門学校講師を歴任。

〈著書〉
『大戦間期中国・内モンゴル地域の少数民族問題』（2014年　文芸社）
『もう一つの日中戦争』（2016年　東京図書出版）
『中国少数民族「独立」論』（2017年　東京図書出版）
『ソ連膨張主義論』（2018年　東京図書出版）
『大国主義国家論』（2018年　東京図書出版）
他、論文19本。

# 大国主義国家論II

2021年5月8日　初版第1刷発行

著　　者　寺島英明
発 行 者　中田典昭
発 行 所　東京図書出版
発行発売　株式会社 リフレ出版
〒113-0021　東京都文京区本駒込 3-10-4
電話 (03)3823-9171　FAX 0120-41-8080
印　　刷　株式会社 ブレイン



ISBN978-4-86641-406-5 C0031
Printed in Japan 2021